福建省高速公路标准化管理系列指南

福建省高速公路施工标准化管理指南

Fujiansheng Gaosu Gonglu Shigong Biaozhunhua Guanli Zhinan

（隧道）

Suidao

福建省高速公路建设总指挥部　**组织编写**

人民交通出版社

内 容 提 要

本书为"福建省高速公路标准化管理系列指南"之一，隧道部分。本书是在现行隧道工程设计、施工、验收等相关标准、规范基础上，总结我省多年来高速公路隧道建设实践经验编制而成。本书图文并茂地对隧道工程施工工序、技术、工艺和管理进行说明，将规范化管理、标准化施工的理念贯穿于施工管理全过程。本书对于规范高速公路隧道工程施工，克服质量通病，提高管理水平，保证施工质量有很好的指导作用。

本书适用于福建省所有新建、在建高速公路项目（含连接线）隧道工程施工管理，也可供其他省份相关管理与技术人员参考使用。

图书在版编目（CIP）数据

福建省高速公路施工标准化管理指南. 隧道 / 福建省高速公路建设总指挥部组织编写. —北京：人民交通出版社，2010.4

ISBN 978-7-114-08289-4

Ⅰ.①福… Ⅱ.①福… Ⅲ.①高速公路－道路工程－工程施工－标准化管理－福建省－指南②高速公路－公路隧道－工程施工－标准化管理－福建省－指南 Ⅳ.①U415-62

中国版本图书馆 CIP 数据核字（2010）第 060746 号

书　　名： 福建省高速公路施工标准化管理指南（隧道）
著 作 者： 福建省高速公路建设总指挥部
责任编辑： 郑蕉林　刘　倩
出版发行： 人民交通出版社
地　　址： （100011）北京市朝阳区安定门外外馆斜街 3 号
网　　址： http://www.ccpress.com.cn
销售电话： （010）59757969，59757973
总 经 销： 人民交通出版社发行部
经　　销： 各地新华书店
印　　刷： 北京市密东印刷有限公司
开　　本： 880×1230　1/16
印　　张： 6.75
字　　数： 141 千
版　　次： 2010 年 4 月　第 1 版
印　　次： 2011 年 4 月　第 3 次印刷
书　　号： ISBN 978-7-114-08289-4
印　　数： 9001－12000 册
定　　价： 30.00 元

《福建省高速公路标准化管理系列指南》
编委会

主　　任：李德金

副 主 任：唐建辉　吴庭锵

委　　员：邱榕木　王文通　黄祥谈　赵宣宪

孙建林　潘向阳

《福建省高速公路施工标准化管理指南(隧道)》
编写委员会

主　　编：黄祥谈

副 主 编：潘向阳　方炬洋　艾四芽

编写人员：唐勇三　蔡　晖　张永斌　苏巧金

刘巨伟　苏兴矩　陈仕挺

序

自1994年福建省第一条高速公路——“泉厦高速”开建以来，福建高速公路持续快速发展，截至2009年底，通车里程和在建里程均突破2 000km。预计到2012年，通车里程将突破3 000km，2015年将突破5 000km，基本建成“三纵八横三环三十三联”的海西高速公路网。

福建高速公路在发展历程中，不仅形成了“省市共同出资，建设以市为主，运营全省统一”的科学合理的建设运营管理体制，而且积累了“混凝土集中拌和、梁片集中预制、钢筋集中加工”及“预制梁片模板准入、隧道二次衬砌台车准入”等一系列标准化施工经验，在实践中发挥了重要作用，取得了积极成效。

所谓标准化管理，就是要明确设置符合实际、符合规范的标准要求，并真正推动落实，真正做到“标准成为习惯、习惯符合标准、结果达到标准”。这是解决当前建设任务日益繁重与管理力量相对有限这一矛盾的有效举措，也是同步抓好质量、安全、工期和廉政的有效途径。为此，福建省高速公路建设总指挥部专门组织修编出版了路基路面、桥梁、隧道、工地建设、边坡生态恢复等施工标准化管理指南，不仅为高速公路建设领域全面推行标准化管理提供了技术支撑和制度保障，而且对有效提升建设质量和效率，创新建设管理方式都具有重要意义。

当前，海峡西岸经济区建设正站在新的起点上，福建高速公路迎来了难得的发展机遇，需要我们增强责任感、紧迫感和使命感，进一步凝心聚力、乘势而上。我相信，在精心完善现行高速公路体制机制的同时，持之以恒地把标准化管理落实到高速公路建设、运营的各个环节，加快形成“实施有规范、操作有程序、过程有控制、结果有考核”的标准化管理体系，必将推动福建高速公路实现更好更快发展，为海峡西岸经济区建设作出新的更大的贡献！

福建省人民政府副省长 张志南

2010年3月

前　　言

近10年来，福建省高速公路建设发展迅速，高速公路隧道施工技术和管理水平有了长足的进步。近几年，通过对《福建省高速公路隧道工程标准化管理指南》的认真贯彻和执行，在隧道施工管理方面取得了一定的成效，有效地控制了工程建设质量，减少了工程质量通病的发生，规范了福建省高速公路隧道标准化施工工艺，提高了工程建设技术管理水平。实践表明，大力推行标准化施工有力地促进了福建省高速公路隧道工程质量的全面稳步提高。为此，福建省高速公路建设总指挥部总结近几年在质量管理方面的经验，进行了本次修编。

本指南是在现行隧道工程设计、施工、验收等相关标准、规范的基础上，根据福建省多年来隧道建设实践经验编制而成。本指南根据福建省的实际情况，着重从工序、技术、工艺和管理的角度，对现行标准、规范作了进一步补充，并结合目前发现的质量建设问题，图文并茂地对隧道工程的施工工序、技术、工艺和管理进行说明，旨在更有效地消除质量通病，提高施工管理水平，实现隧道施工标准化，确保高速公路隧道工程质量。

福建省高速公路建设总指挥部

2010年2月

目　录

1　总则

1.1　目的及范围

1.1.1　为规范高速公路隧道工程施工,克服质量通病,提高管理水平,保证施工质量,编制本指南。

1.1.2　本书适用于福建省所有新建、在建高速公路项目(含连接线)隧道工程施工管理。

1.2　编制依据

1.2.1　国家、工程建设标准化协会、交通运输部等工程建设标准主管部门发布的与隧道工程相关的文件、标准、规范、规程和指南。

1.2.2　福建省颁布实施的有关施工管理的文件规定。

1.2.3　行业内通行的先进施工工艺和管理办法。

1.3　章节划分

本指南共十一章,分为总则、施工准备、洞口与明洞工程、洞身开挖、初期支护与辅助工程措施、仰拱与铺底、防水与排水、二次衬砌、路面及附属工程、超前地质预报与监控量测以及安全管理与文明施工。

2 施工准备

2.1 一般规定

2.1.1 隧道施工前,应熟悉设计文件,领会设计意图,做好现场调查和图纸核对工作。

2.1.2 施工前,应做好下列核对工作:

(1)隧道施工对地表和地下既有结构物的影响。

(2)施工场地布置与洞口相邻工程、弃渣利用、农田水利、征地等的关系。

(3)建筑物、道路工程、水利工程和电信、电力线路等设施的拆迁情况和数量。

(4)施工中和运营后对自然环境、生活环境的影响及需要采取的保护措施。

(5)承包人应全面熟悉设计文件,并做好图纸审核工作。

(6)在施工调查和设计文件核对完成后,应将结果及存在的问题,以书面形式呈送建设项目合同规定的相关建设管理单位。

2.1.3 隧道施工前应加强地质工作,重视跟踪地质调查与超前地质预报。

2.1.4 应根据工程规模、技术标准和《福建省高速公路施工标准化管理指南(工地建设)》有关要求进行施工场地规划、驻地建设、拌和站和工地试验室建设,并通过项目业主组织的专项验收。

2.1.5 隧道开工前,应完成洞口前可能干扰洞身施工的相关工程。

2.1.6 隧道施工过程中,应完整收集原始数据、资料,做好施工记录,编写隧道技术总结。

2.2 技术准备

2.2.1 施工测量

(1)承包人应根据合同图纸和有关勘测资料,对交付使用的隧道轴线桩、平面控制三角网基点桩以及高程控制的水准基桩等,进行详细的测量检查和核对,并将测量成果报送监理工程师。

(2)承包人在放线中除公里桩、平曲线基本桩外，应设置必要加桩；在工程实施中隧道中桩最大间距直线上不得大于10m，曲线上不得大于5m，并明确标出用地界桩、路面和排水沟中心桩、辅助基准点以及其他控制正确放线的水平和垂直标桩。

2.2.2 施工方案

(1)根据总体施工组织设计，结合本项目的具体情况、工期要求、施工队伍、机械设备、施工中的现场监控量测等因素，正确选定施工方案，制订施工顺序，编制实施性施工组织设计。编制的施工组织设计，应包括施工方法、工区划分、场地布置、进度计划、工程数量、人员配备、主要材料、机械设备、电力和运输以及安全、质量、环保、技术等主要措施内容。

(2)实施性施工组织设计应报监理工程师及相关部门，按照程序批准后实施。在实施过程中应根据客观条件、生产资源配置变化情况及时调整施工组织设计，并呈送监理工程师批准，实行动态管理。

(3)对于长大隧道、地质复杂的隧道[如不良地质隧道、高瓦斯隧道、水底(海底)隧道等]，承包人应当组织专家编制、论证、审查专项施工方案，并附安全验算结果，经承包人技术负责人、监理工程师审查同意签字后实施，由专职安全生产管理人员进行现场监督。

2.3 施工人员、材料和设备

2.3.1 施工人员

(1)应根据工程规模、工期和技术难度配备相应的管理、技术、测量、试验、环保、专职质量检查和安全管理人员。

(2)隧道施工的钻爆、运输、支护、模筑衬砌等作业均应安排专业化队伍进行施工，施工前应根据施工进度计划、施工技术水平等制订详细的劳动力计划，及时组织上场，以满足施工需要。

(3)从事隧道施工的各类特殊岗位人员均应持证上岗。承包人应加强现场作业人员(包括劳务人员)安全、职业健康等教育培训和考核工作。应对管理人员和作业人员进行每年不少于2次、不低于40学时的安全生产教育培训，其教育培训情况记入个人工作档案。新进人员和作业人员进入新的施工现场或者转入新的岗位前，承包人应对其进行安全生产培训考核。未经安全生产教育培训考核或者培训考核不合格的人员，不得上岗作业。

(4)承包人应向作业人员提供必需的安全防护用具(如安全帽、安全带、口罩、耳塞等)和安全防护服装(图2-1)。

2.3.2 材料采备

(1)隧道施工前应做好水泥、砂石料、钢筋(材)、外加剂、防水板、透水管等各项材料的招标订购工作，并根据施工进度计划，制订材料供应计划；特别是做好隧道前期施工支护所需材料的采备工作，如：水泥、中(粗)砂、小碎石、速凝剂、钢纤维、钢筋等材料以及早

图 2-1 安全防护用具和服装

强锚固药卷、钢拱架等成品、半成品等。

(2)材料采购应严格按材料招投标程序进行,选择供应能力强、质量合格、价格优惠的供应厂家。

(3)二衬混凝土和喷射混凝土必须使用旋窑水泥。用于隧道主体工程的碎石应采用反击破设备生产的碎石,并确保在不污染情况下用于施工。

(4)材料进场前应严格进行检查验收和取样送检,试验合格经监理工程师认可后方可进料;杜绝不合格材料进入现场。

2.3.3 设备进场

(1)隧道进洞前,二次衬砌模板台车必须进场。

(2)隧道前期进场的机械设备主要有以下几种:

①土石方施工设备:包括挖掘机、推土机、压路机和自卸汽车等。

②隧道开挖及出渣运输设备:凿岩机、台车(架)、装载机、大吨位自卸汽车等。

③隧道支护设备:湿喷机、管棚钻机、注浆机等。

④混凝土施工设备:混凝土搅拌机、配料机、混凝土运输车、混凝土输送泵、捣固设备、衬砌台车(模板、拱架)等。

⑤钢筋(结构)加工设备:钢筋调直机、切断机、弯曲机、电焊机等。

⑥风、水、电供应设备:内燃空压机、电动空压机、水泵、(变频高压供水装置)、变压器、发电机等。

⑦相应阶段配备的检测仪器和设备。

(3)机械设备应本着性能优良、配套合理、工效高的原则配备,满足污染小、能耗低、效率高的要求,并根据施工进度计划安排,分阶段、分期组织上场,以满足施工需要。

2.4 施工供风、供水、供电

2.4.1 施工供风

(1)压风站应在洞口旁边选址修建,并宜靠近变电站,应有防水、降温、保温和防雷击等设施。

(2)压风站供风能力须满足隧道正常施工需要,供风管路布置应尽量避免压力损失,保证工作面使用风压不小于0.5MPa。

(3)隧道掘进50m后应进行供风,供风管道前端至开挖面距离不应大于20m。

2.4.2 施工供水

(1)承包人在实施和维修本工程期间,应按国家规定的施工和生活饮用水的有关标准,确保施工和生活用水设施的提供、安装、保养及供水满足施工及生活需要。

(2)寻找水源,按施工需要的供水压力(水压不小于0.3MPa),合理选址修建高位水池,安装上、下水管路。

(3)对于修建高位水池困难的隧道,宜采用变频高压供水装置满足施工需要。

(4)供水管道前端至开挖面一般不超过20m。

2.4.3 施工临时供电

(1)对于短隧道应采用高压至洞口,再低压进洞;长隧道及特长隧道应考虑高、中压进洞,以满足施工需要。

(2)隧道施工供电应采用三相五线供电系统;动力设备应采用三相380V;照明电压一般作业地段不宜大于36V,成洞段和不作业地段可采用220V,瓦斯地段不得超过110V,手提作业灯为12~24V;选用的导线截面应使低压线路末端电压降不大于10%;36V及24V线不得大于5%;高压分线部位应设明显危险警告标志;所有配电箱和开关应全部进行责任人和用途标识。

(3)洞外变电站应设置防雷击和防风装置,且宜设在靠近负荷集中地点和设在电源来线一侧。当变电站电源线需跨越施工地区时,其最低点距人行道和运输线路的最小高度应满足:电压35kV时7.5m,电压6~10kV时6.5m,电压400V时6m。变压器容量应按电气设备总用量确定,当单台电动设备容量超过变压器容量的1/3时,宜适当增加启动附加容量。

洞内变电站应设置在干燥的紧急停车带或不使用的横通道内,变压器与周围及上下洞壁的最小距离,不得小于300mm,同时应按规定设置灯光、轮廓标等安全防护设施。洞内高压变电站之间的距离宜为1000m,由变电站分别向相反两方向供电,每一方供电距离宜采用500m。洞内高压变电站应采用井下高压配电装置或相同电压等级的油开关柜,不应使用跌落式熔断器,应有防尘措施。

(4)成洞地段固定的电线路,应采用绝缘良好的胶皮线架设;施工地段的临时电线路应采用橡套电缆;瓦斯地段的输电线必须使用密封电缆,不得使用皮线;涌水隧道的电动排水设备应采用双回路输电,并有可靠的切换装置;动力干线上每一分支线,必须装设开关及保险装置;严禁在动力线路上加挂照明设施。

(5)照明和动力线路安装在同一侧时,必须分层架设。电线悬挂高度应满足:110V以下电线离地面距离不应小于2m,400V时应大于2.5m,6~10kV时不应小于3.5m。供电线路架设一般要求高压在上、低压在下,干线在上、支线在下,动力线在上、照明线在下。

2.4.4 施工期间“三管两线”架设、安装应顺直、整齐,按图2-2所示布置。

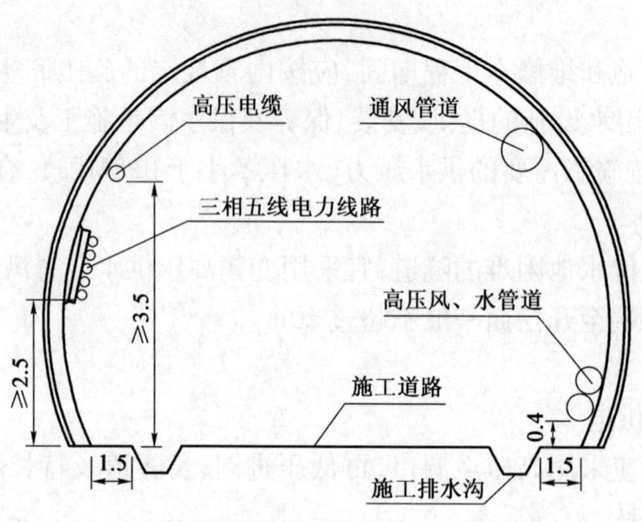

图 2-2　三管两线布置示意图(尺寸单位:m)

2.5　弃渣场、自办料场、危险品库

2.5.1　弃渣场

(1)隧道弃渣必须运至确定的弃渣场弃置,不得随意乱弃。

(2)隧道施工前应详细调查,和业主及当地政府配合,选择出渣运输方便、距离短的场所作为弃渣场,场地容量应可容纳隧道弃渣量。

(3)弃渣场选址应不得占用其他工程场地和影响附近各种设施的安全;不得影响附近的农田水利设施,不占或少占农田;不得堵塞河道、河谷,防止抬高水位和恶化水流条件;不得挤压桥梁墩台及其他建筑物。

(4)弃渣场应按设计要求进行防护,当设计要求不能满足实际需要或设计无具体要求时,应对弃渣场的防护进行设计并报监理工程师批复,以确保边坡的稳定,防止水土流失、泥石流、滑坡等危害。

2.5.2　自办料场

(1)当隧道弃渣强度等指标符合规范要求、可作为结构用材料时,现场应建碎石场以充分利用隧道弃渣,加工碎石设备应采用带除尘装置的反击破碎石机并有配套的联合重筛分设备。

(2)隧道碎石场应专门配备锤式碎石机生产喷射混凝土碎石料。日产量在 $100m^3$ 以上的碎石场宜配置自动或半自动水冲洗设备,以提高碎石质量。

2.5.3　危险品库

(1)火工品库房的建设及管理除应符合《福建省高速公路施工标准化管理指南(工地建设)》有关规定外,还应符合以下要求:

①建立健全火工用品管理制度,严格火工用品采购、储存、领取、使用和退库的各个

环节的管理和操作,做到全程监控,全程把关。施工单位要定期对炸药库管理有关台账进行认真检查和清对,监理工程师要加强监督检查。

②双洞中隧道及长隧道、特长隧道宜设置专用火工品库房,其他短隧道可结合其他隧道及路基、桥涵施工集中设置。

③应根据施工进度计划安排及月循环进尺核定火工品库库容量。

(2)其他危险品,如氧气、乙炔、油料及剧毒、放射性物品等应单独建库存储,库房建设及管理应符合《福建省高速公路施工标准化管理指南(工地建设)》规定。

3 洞口与明洞工程

3.1 一般规定

3.1.1 隧道洞口开挖前,承包人应对洞口段地形地貌进行复测,认真调查地质情况,并提出隧道进洞专项施工方案,严禁大开大挖,项目业主应组织设计、监理人员进行专项审查。

3.1.2 积极推广“零开挖”进洞理念。隧道洞顶截水沟以内植被禁止砍伐破坏,分离式隧道中间山体和连拱隧道中导洞开挖时两侧山体应尽可能保护。见附图1示例。

3.1.3 隧道进洞前,要求完成以下工作:隧道进出口联测已完成,且贯通误差符合规范要求;洞顶的沉降观测点已布设完成,并取得第一组数据;洞顶截水沟已砌筑完成,洞口初步形成畅通的洞口排水系统;二次衬砌台车已进场。

3.1.4 洞口设有明洞且洞口地质情况相对较好的隧道,可按先进暗洞,由内向外施作洞口明洞模筑衬砌,再进行洞身段开挖、初支、二衬施工。

3.1.5 当洞口围岩条件很差时,要严格控制进洞施工顺序。应在完成套拱和超前大管棚后,立即进行明洞主体模筑衬砌施工,然后再进行暗洞浅埋段施工。

3.1.6 隧道二次衬砌施工完成50m(含明洞)后,应立即进行洞门及边仰坡绿化工程的施工。

3.1.7 隧道洞口场地必须进行混凝土硬化处理,要求使用20cm厚石渣垫层,汽车运输通道必须采用20cm厚的C15混凝土作为面层。可考虑将洞口段路基基层设置为混凝土基层,提前施作。

3.1.8 洞口前的桥梁、涵洞及路基等相关工程应及时安排施工。及时完成洞口前的路基施工,为隧道施工提供场地。

3.2 施工工序

洞口与明洞工程的施工程序为:洞顶截水沟开挖、砌筑→洞口其他排水工程→洞口土石方开挖(路基填筑)→边仰坡及成洞面临时防护(二衬台车进场)→洞口套拱、管棚棚架式体系等辅助进洞措施施工→明洞基础及洞口段路基硬化→洞身施工→明洞防排水施工→明洞回填→洞门施工。

3.3 施工要点

3.3.1 洞口土石方开挖

(1)洞口土石方施工宜避开降雨期,如确需在雨季施工时,应制订严密的施工方案和防护措施,同时应加强对山坡稳定情况的监测和检查。洞门端墙处的土石方,应视地层稳定程度、洞口施工季节和隧道施工方法等选择适合的施工时机和施工方法。

(2)洞口边坡、仰坡土石方的开挖应减少对岩、土体的扰动,严禁采用大爆破;边坡和仰坡上可能滑塌的表土、灌木以及边坡和仰坡上的浮石、危石要清除或加固,坡面凹凸不平的应予整修平顺。

(3)应在进洞前按设计要求对地表及仰坡进行加固防护;松软地层开挖边坡和仰坡时,宜随挖随支护,随时监测、检查山坡的稳定情况。当洞口可能出现地层滑坡、崩塌时,应及时采取预防和稳定措施稳定坡体,确保施工安全。可采取地表砂浆锚杆、地表注浆等辅助工程措施或路基施工中稳定边坡的措施。

(4)偏压洞口施工应在做好支挡、反压回填等工作后再开挖;开挖方法应结合偏压地形情况选定,不得因人为因素加剧偏压。

(5)洞口边坡及仰坡采用明挖法施工,自上而下分阶段、分层进行开挖。第一阶段挖至设计临时成洞面,并视围岩情况,结合暗洞开挖方法,预留进洞台阶;第二阶段开挖其余部分,形成永久边坡和仰坡。不得掏底开挖或上下重叠开挖。洞口有邻近建(构)筑物时,应采取微震控制爆破。

(6)洞口边坡和仰坡的排水系统应在雨季之前完成。隧道排水应与洞外排水系统合理连接,不得侵蚀软化隧道和明洞基础,不得冲刷洞口前路基边坡及桥涵锥坡等设施。

(7)洞口永久性挡护工程应紧跟土石方开挖及早完成。地基承载力应满足设计要求。

(8)洞口仰坡上方洞身范围内禁止修建施工用水池。

(9)进洞前必须完成应开挖的土石方,废弃的土石方,应堆放在指定的地点,边坡、仰坡上方不得堆置弃土、石方。

3.3.2 排水工程

(1)洞外排水工程包括边坡和仰坡外的截水沟、排水沟和洞口排水沟、涵管组成的排水系统,所有开挖与铺砌除按图纸施工外,还应符合《福建省高速公路施工标准化管理指南(路基路面)》中砌石工程的规定。

(2)边坡、仰坡外的截水沟或排水沟应于洞口土石方开挖前完成,防止地面水冲刷而导致边坡、仰坡落石、塌方。截水沟及排水沟的上游进水口应与原地面衔接紧密或略低于原地面,下游出水口应妥善地引入排水系统。

(3)边坡、仰坡以外的山体表面,如有坑洼积水时,应按设计要求予以处理;但不得用土石方填筑,以免流失堵塞排水沟渠,影响洞口安全。

(4)路堑两侧边沟应与排水设施妥善连接,使排水畅通。土路肩及碎落台,应按设计要求予以加固。

(5)反坡施工洞口,施工期间洞口应设渗水盲沟,并在两侧排水沟于洞口部位设浆砌片石隔墙和洞外隔离。

3.3.3 临时防护

(1)由于洞口边坡和仰坡开挖成型,距洞门完成、永久防护到位间隔时间较长,结合我省多雨的气候特点,为防止地表水渗入开挖面,保证此间洞口坡体的稳定性,一般采取锚喷网防护的形式。洞口土石方开挖完成,应随之及时进行防护。

(2)坡面临时防护施工前,应将岩面浮渣及危岩清除干净并用高压风将坡面清理干净。

(3)锚杆施工时,应先在坡面上确定锚杆位置,并控制钻孔方向进行钻孔,孔深和孔径应符合设计要求。钻孔完毕应将孔内岩粉吹干净。

(4)如坡体含水量较大或有地下水,坡面渗漏水较多,应增设泄水孔或平孔排水。

3.3.4 进洞辅助措施

(1)超前管棚及超前小导管等辅助工程措施的施工方法按本指南第5章的相应项目执行。超前管棚推荐采用履带式潜孔钻机,如图3-1所示。

图3-1 履带式潜孔钻机

(2)辅助工程措施所用钢筋、钢管等材质,其环向间距、纵向搭接长度、方向等布设参数,以及锚固所用材料均须符合设计及规范要求。

(3)采用注浆施工,承包人注浆前应认真分析围岩性质,选择合理的注浆设备和施工工艺,对采用单液注浆还是双液注浆方案进行比选,并确定合理的注浆初始压力、终压力。监理应认真进行旁站,记录单孔注浆压力和单孔实际注浆量,记录内容必须包含以下内容:施作里程范围、小导管(管棚)根数、长度、最大单根注浆量、最小单根注浆量、总注浆量(注浆量以使用水泥袋数或公斤为单位)、注浆控制压力。对小导管、管棚的安装和注浆必须要有影像资料。

(4)套拱基础应设置在符合图纸要求且稳固的地基上,地基承载力满足设计要求,基坑的渣体杂物、风化软层和积水应清除干净。

(5)加强套拱内预埋的孔口管定向、定位控制,严格按设计确定其上抬量和角度,确保钻孔定位准确。

3.3.5 明洞工程

1)边墙施工

(1)明洞边墙基础应设置在符合图纸要求且稳固的地基上,地基承载力满足设计要求,基坑的渣体杂物、风化软层和积水应清除干净。严禁超挖回填虚土。

(2)偏压和单压明洞的外边墙基底,在垂直路线方向应按设计要求挖成一定坡度的向内的斜坡,以提高基底的抗滑力。如基底松软,应采取措施增加基底承载力。

(3)深基础开挖,应注意核查地质条件;如挖至设计高程,不符合图纸要求时,应提出变更设计。

(4)基础施工完成后应及时回填,避免雨水等侵蚀地基。

2)明洞衬砌及防水

(1)明洞衬砌及防水的施工要点与洞内二次衬砌基本相同,明洞衬砌与暗洞衬砌应连接良好。

(2)明洞拱圈外模拆除、拱圈混凝土达到设计强度的50%后,应及时按设计规范要求施作防水层及拱脚纵向排水管、环向盲沟。防水板应向隧道内延伸不小于0.5m,并与暗洞防水板连接良好。

3)明洞回填

(1)拱圈混凝土达到设计强度、拱墙背防水设施完成后,方可回填拱背土方。

(2)明洞段顶部回填土方应对称分层夯实,每层厚度不得大于0.3m,两侧回填的土面高差不得大于0.5m;底部应铺填0.5~1.0m厚碎石并夯实;回填至拱顶后应分层满铺填筑,顶层回填材料宜采用黏土以利于隔水。明洞黏土隔水层应与边坡、仰坡搭接良好,封闭紧密。

石质地层中墙背与岩壁空隙不大时,可采用与墙身同级混凝土回填;空隙较大时,可采用片石混凝土或浆砌片石回填密实;土质地层,应将墙背坡面开凿成台阶状,用干砌片石分层码砌,缝隙用碎石填塞紧密,不得任意抛填土石。

(3)使用机械回填时,拱圈混凝土强度应达到设计强度,且需先用人工填筑夯实回填至拱顶以上1.0m后,方可使用机械施工。

3.3.6 洞门工程

(1)洞门基础开挖应注意基坑的支护,基础必须置于稳固的地基上,地基承载力满足设计要求,应做好防水、排水工作,防止基底被水浸泡。基坑废渣、杂物等必须清除干净。

(2)洞门拱墙应与洞内相邻的拱墙衬砌同时施工,连成整体。洞门端墙应与隧道衬砌紧密连接。

(3)洞门端墙的砌筑(或浇筑)与墙背回填,应两侧同时进行,防止对衬砌产生偏压。

(4)洞门建筑完成后,洞门以上仰坡坡脚如有损坏,应及时修补,并应检查与确保坡顶以上的截水沟和墙顶排水沟及路堑排水系统的完好与连通。

(5)隧道明洞回填和洞门施工完成后,应及时做好洞口边坡及仰坡的地表恢复,符合环境保护要求,做好水土保持。

(6)洞门砌筑

①面层料石一丁一顺分层砌筑。宜选用颜色清一的石料,不含锈迹;石料精雕细凿,表面修凿的纹路整齐统一,外形方正且色泽一致;条石和丁石的尺寸要一致,边线要直顺,棱角要分明,缺边掉角的料石不得使用。墙背浆砌片石部分与面层咬合砌筑,避免“两层皮”,砌缝砂浆应插捣密实。

②砌筑用砂浆应按试验确定的配合比,由机械拌制而成。

③勾凹缝后,可按要求在缝内喷涂,以增强视觉效果。

④砌体施工过程中应及时按设计布置泻水孔,对个别出水点及时将水引出,并做好墙背后反滤层、排水盲沟等。

⑤砌体的大面要平整,缝宽要一致。条石外露面的尺寸为60cm×30cm,丁石外露面的尺寸为30cm×30cm,缝宽为2cm。

⑥隧道洞门不允许粘贴石板材,尤其是抛光的石板材。

4 洞身开挖

4.1 一般规定

4.1.1 洞身开挖应根据隧道长度、断面大小、结构形式、工期要求、机械设备、地质条件等,选择适宜的开挖方案(包括开挖顺序、爆破、施工照明、通风、排水、支护、出渣等)。为了最大限度地利用围岩自承能力,必须采用有利于减少超挖、减少围岩扰动的开挖方法进行洞身开挖。

4.1.2 开挖作业应符合下列规定:

(1)确定合理的开挖步骤和循环进尺,保持各开挖工序相互衔接,均衡施工。

(2)开挖断面尺寸应满足设计要求,应采用有效的测量手段控制开挖轮廓线;边沟、电缆沟及边墙基础应同时开挖;所有开挖应按图纸标明的开挖线并加入预留沉降量后的尺寸进行施工;开挖质量应符合设计及规范要求,严禁二次爆破开挖,在开挖过程中,承包人应随时测定隧道轴线位置和高程。

(3)开挖后应做好地质构造的核对,及时做好监控量测工作,地质变化处和重要地段,应有相应照片或文字描述记载。

(4)开挖作业必须保证安全,不得危及初期支护、二次衬砌和设备的安全,并应保护好量测用的测点,宜减少对围岩的扰动。

(5)开挖爆破作业应在上一循环喷射混凝土终凝不少于4h 后进行。

4.1.3 隧道爆破应采用光面爆破,必要时采用预裂爆破技术;施工中应优化钻爆设计,提高钻眼效率和爆破效果,降低工料消耗。对不宜爆破、挖掘机又难以挖动的软弱围岩以及黄土地段,鼓励采用铣挖机配合装载机进行隧道开挖施工。

4.1.4 良好的通风系统、良好的调度系统、良好的高压风系统、良好的给排水系统、良好的供电系统是隧道快速施工的关键保障。

4.1.5 隧道双向开挖的贯通位置应选择在Ⅳ级以上围岩地段。双向开挖距离 25m 时,两端施工应加强联系、统一指挥,并采取浅眼低药量,控制爆破震动;当两开挖面间的距离为 15 ~ 30m 时,应改为单向开挖,一端必须停止开挖并将人员机具撤走,并在安全距离处设立警告标志。对采用单向开挖的隧道,出洞前应反向开挖不少于30m且不小于洞口超前管棚长度,严禁在隧道洞口处贯通。

4.1.6 双洞开挖时,应根据两洞的轴线间距、洞口里程距离、地质条件及其他自然条件,选择适当的开挖方法,确定好两洞开挖的时间差和距离差,并采取措施防止后行洞开挖对先行洞周壁产生不良影响。

4.1.7 瓦斯地层隧道施工应符合现行《煤矿安全规程》的相关规定。

4.1.8 承包人应安排好施工过程的测量,以保证隧道按设计方向和坡度施工,使开挖断面符合图纸所示尺寸,尽量做到不欠挖和不超挖。洞内应每隔50m设置一个水准点。

4.1.9 在施工过程中,承包人应根据对开挖面的直接观察、围岩变形的量测结果,辅以超前地质预报,结合岩层构造、岩性及地下水情况,提出围岩分类的修改意见,并判定隧道围岩稳定性,提出相应的处理措施。

4.1.10 隧道开挖过程中应按本指南第11.2条的规定设置逃生管道。

4.2 施工工序

一般分离式隧道总体施工工序见图4-1。

4.3 施工要点

4.3.1 开挖方法

隧道的开挖应根据隧道长度、断面大小、结构形式、工期要求、机械设备、地质条件等选定,开挖必须与支护、衬砌施工相协调。如需变更设计除应满足技术规范要求外,还需满足以下原则。

(1)两车道洞口段土质和类土质、含水量大、承载力低的围岩必须采用中隔壁法(CD法)或交叉中隔壁法(CRD法)施工。

(2)三车道浅埋段的V、VI级围岩应按中隔壁法、交叉中隔壁法或双侧壁导坑法施工。

(3)浅埋大跨度隧道及地表下沉量要求严格而围岩条件很差时,应选用交叉中隔壁法或双侧壁导坑法施工。

(4)V级围岩和浅埋段的IV级围岩每循环进尺控制在2榀钢拱架长度以内。

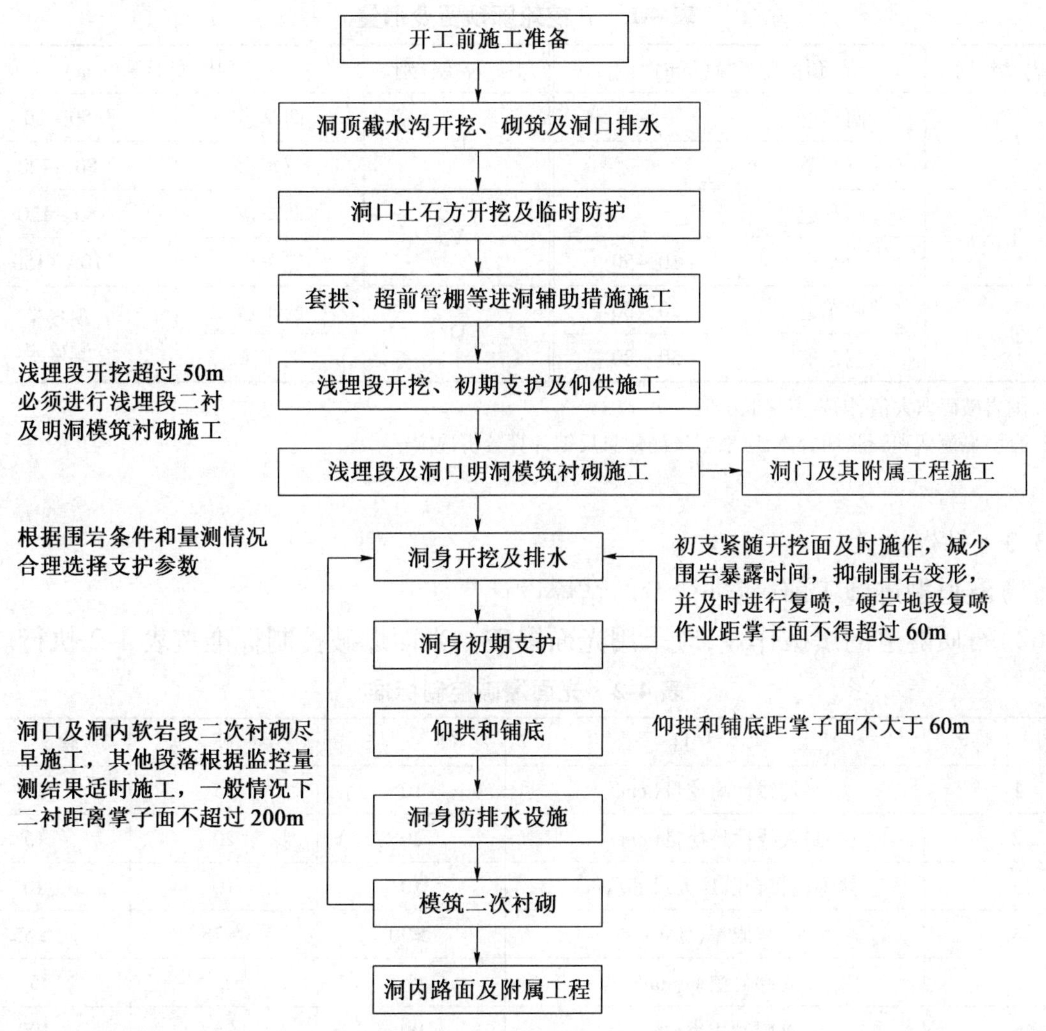

图4-1 一般分离式隧道总体施工工序框图

(5)采用弧形导坑预留核心土法施工的隧道要严格按该施工工序组织施工,尤其是要加强钢拱架的锁脚,减少下沉。对土质隧道,应以核心土为基础设立2根临时钢架竖撑以支撑拱顶,核心土应根据围岩量测结果适当滞后开挖。

(6)采用上下台阶法施工的隧道,台阶分界线不得超过起拱线;上台阶长度不得过长,应尽量采用短台阶,以便及时成环封闭,上台阶长度不大于30m;下台阶马口落底长度不大于2榀钢拱架的长度,应一次落底,并尽快封闭成环。

4.3.2 超欠挖控制

(1)应严格控制欠挖,拱、墙脚以上1m内断面严禁欠挖。

(2)应尽量减少超挖,不同围岩地质条件下的允许超挖值应符合规范要求。

(3)应采用光面爆破,提高钻眼精度,严格控制单响药量,并提高作业人员的技术水平。

(4)开挖轮廓线应按设计要求预留变形量,设计无要求时,可先按表4-1选用,而后根据监控量测信息进行调整。

表 4-1　开挖轮廓预留变形量

围岩级别	预留变形量(mm)		围岩级别	预留变形量(mm)	
Ⅰ	两车道	—	Ⅳ	两车道	50～80
	三车道	—		三车道	80～120
Ⅱ	两车道	—	Ⅴ	两车道	80～120
	三车道	10～50		三车道	100～150
Ⅲ	两车道	20～50	Ⅵ	两车道	现场量测确定
	三车道	50～80		三车道	

注:1. 围岩破碎取大值,围岩完整取小值。

2. 有明显流变和膨胀性岩体,应根据量测信息反馈计算分析选定。

4.3.3　钻爆设计

(1)隧道掘进施工前,应进行专门钻爆设计。

(2)石质隧道的爆破作业,应采用光面爆破。光面爆破控制标准按表 4-2 执行。

表 4-2　光面爆破控制标准

序　号	项　目	硬　岩	中 硬 岩	软　岩
1	平均线性超挖量(cm)	10	15	10
2	最大线性超挖量(cm)	20	20	15
3	两炮衔接台阶最大尺寸(cm)	10	10	10
4	残眼率(%)	≥90	≥75	≥55
5	局部欠挖量(cm)	5	5	5
6	炮眼利用率(%)	90	95	100

(3)光面爆破参数应通过试验确定。当无试验条件时,可参照表 4-3 选用。

表 4-3　光面爆破参数

岩 石 类 别	周边眼间距 E(cm)	周边眼抵抗线 V(cm)	相对距离 E/V	装药集中度 q(kg/m)
硬岩	50～60	55～75	0.8～0.85	0.25～0.30
中硬岩	40～50	50～60	0.8～0.85	0.15～0.25
软岩	35～45	45～60	0.75～0.8	0.07～0.12

(4)周边眼应沿隧道开挖轮廓线布置,保证开挖断面符合设计要求,硬岩开眼位置在开挖轮廓线上,软岩可向内偏 5～10cm。

(5)铺底和仰拱底面采用预留光爆层爆破,Ⅱ、Ⅲ级围岩段的水沟应与隧底光爆层同时爆破成形。

(6)对于小净距隧道、连拱隧道以及地表周围有建(构)筑物的浅埋隧道,在开挖过程中,应监测围岩爆破影响深度以及爆破震动对周围其他建(构)筑物的破坏程度,对周围其他建(构)筑物及新浇混凝土的震动速度应满足规范要求。

4.3.4 钻爆作业

1)钻爆作业工艺流程

钻爆作业应按照钻爆设计进行。工艺流程见图4-2。

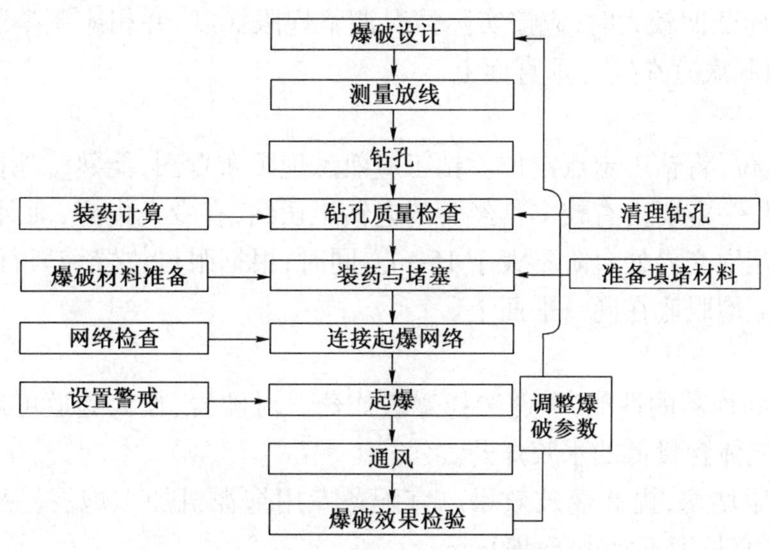

图4-2 钻爆作业工艺流程框图

2)机械设备选型配套

(1)机械设备应本着"性能先进、配套合理、着重工效"的原则,按大断面(长)隧道机械化施工技术要求选型配套。一般要求:一是开挖能力大于施工组织要求能力;二是装渣能力大于开挖能力;三是运输能力大于装渣能力;四是设备配置的富余系数不宜过大(一般>1.2),以避免造成部分设备能力的浪费。

(2)一般隧道大断面开挖可采用多层钻孔平台配12~18台风动凿岩机钻孔。对于长度大于5km或独头掘进超过2km的长大隧道应优先采用性能先进的多臂液压钻孔台车(图4-3)进行施工。使用液压钻孔台车要着手解决好以下几个问题:

①制订合理的机械台班费用;

②多方面挖潜节流,降低使用成本;

③做好维修保养工作,确保正常使用;

④做好配件采购工作,确保及时供应;

⑤提高操作人员的专业水平和素质,确保施工质量;

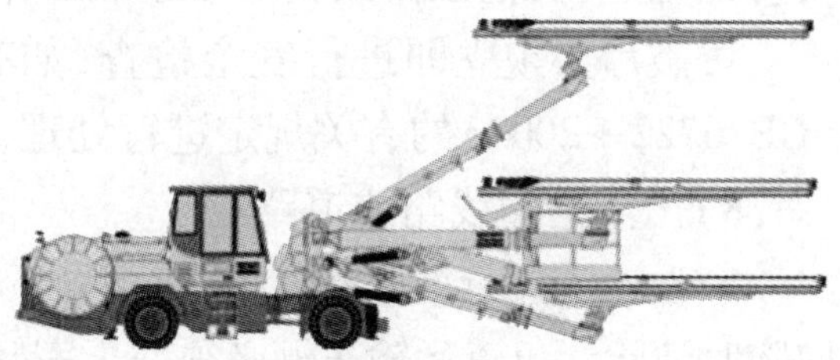

图4-3 多臂液压钻孔台车

⑥台车钻爆工作一体化,提高工作效率。

(3)出渣运输设备的选型配套应保证机械设备充分发挥其功能,并应使出渣能力、运输能力与开挖能力相适应,宜配备大功率、大容量、性能先进的装运机械设备,加快施工进度。独头掘进2km以内的隧道一般采用无轨运输出渣;独头掘进超过2km,应根据通风方案、辅助坑道来确定出渣方式。

(4)掘进150m以上,隧道施工必须实施管道通风,通风方式及风机功率应满足本指南第 11.3 条的规定。

3)测量放样布眼

(1)钻眼前应定出开挖断面中线、水平线,用红油漆准确绘出开挖断面轮廓线,并标出炮眼位置(误差不超过 5cm),经检查符合设计要求后方可钻眼。

(2)当开挖面凸凹较大时,应按实际情况调整炮眼深度,并相应调整装药量,除掏槽眼外的所有炮眼眼底宜在同一垂直面上。

4)钻眼

按照不同孔位,将钻工定点定位。钻工应熟悉炮眼布置图,能熟练地操作凿岩机械。特别是钻周边眼,一定要由有较丰富经验的老钻工司钻,有专人指挥,确保周边眼有准确的外插角,使两茬炮交界处台阶不大于 15cm。同时,根据眼口位置和岩石的凹凸程度调整炮眼深度,保证炮眼底在同一平面上。

5)装药

(1)根据不同炸药的性能,合理选择爆破炸药。对硬岩、长大隧道可选择爆速高、爆后炮烟少、有害气体含量低的水胶炸药。

(2)加强炮眼堵塞,提高爆破效果。宜配备专用炮泥机加工炮泥,保证装药堵塞质量。周边眼的堵塞长度不宜小于 400mm。

(3)装药前,要用高压风水将炮眼内泥浆、存水及石粉吹洗干净。

(4)装药需分片分组,按炮眼设计图确定的装药量自上而下进行,雷管要"对号入座",要定人、定位、定段别,不得乱装药。

6)联结起爆网路施工

应按《爆破安全规程》(GB 6722—2003)的有关规定执行。

7)引爆

非点炮人员撤至安全地点后才能引爆。爆破后必须经过通风排烟,且其相距时间不得少于 15min,而且洞内空气质量符合本指南第 11.3 条的规定,并经过以下各项检查和妥善处理后,其他工作人员才准进入工作面。

爆破后必须立即进行安全检查,如有瞎炮,必须由原爆破人员按《爆破安全规程》(GB 6722—2003)的有关规定进行处理,确认无误后才能出渣。

8)出渣运输线路或道路

应设专人进行维修和养护,使其处于平整、畅通状态。线路或道路两侧的废渣和余料应随时清除。出渣运输车辆必须处于完好状态,制动有效,严禁人料混载,不准超载、超宽、超高运输。运装大体积或超长料具时,应有专人指挥,专车运输,并设置显示界限的红灯。

4.4 开挖方法

4.4.1 中隔壁法(CD 法)

1)定义

CD 法是在软弱围岩大跨度隧道中,先分部开挖隧道的一侧,并施作中隔壁,然后再分部开挖另一侧的施工方法。其施工步骤参见图4-4。

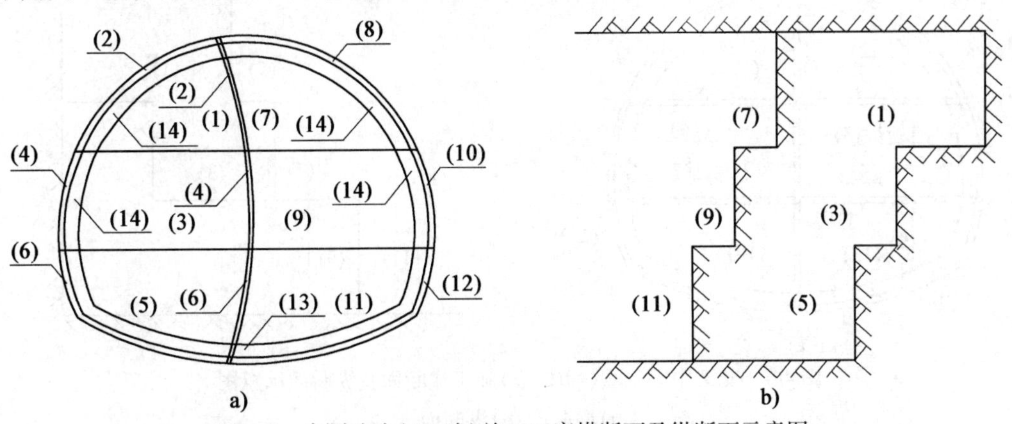

图4-4 中隔壁法(CD法)施工工序横断面及纵断面示意图

a)横断面;b)纵断面

2)施工顺序说明

(1)先行导坑上部开挖;(2)先行导坑上部初期支护;(3)先行导坑中部开挖;(4)先行导坑中部初期支护;(5)先行导坑下部开挖;(6)先行导坑下部初期支护;(7)后行导坑上部开挖;(8)后行导坑上部初期支护;(9)后行导坑中部开挖;(10)后行导坑中部初期支护;(11)后行导坑下部开挖;(12)后行导坑下部初期支护;(13)仰拱超前浇筑;(14)全断面二次衬砌。

3)施工要求

(1)上部导坑的开挖循环进尺控制为1榀钢架间距(0.75~0.8m),下部导坑的开挖进尺可依据地质情况适当加大。

(2)中隔壁法或交叉中隔壁法施工时,初期支护完成后方可进行下一分部开挖,地质较差时,每个台阶底部均应按设计要求设临时钢架或临时仰拱;各部开挖时,周边轮廓应尽量圆顺;应在先开挖侧喷射混凝土强度达到设计要求后再进行另一侧开挖;左右两侧导坑开挖工作面的纵向间距不宜小于15m;当开挖形成全断面时,应及时完成全断面初期支护闭合。

(3)导坑开挖孔径及台阶高度可根据施工机具、人员等安排进行适当调整。应配备适合导坑开挖的小型机械设备,提高导坑开挖效率。

(4)中隔壁的拆除工艺是关键技术,中隔壁拆除时间的判定要以拱顶下沉和净空收敛为依据,一般在拱顶下沉7d内增量在2mm以下作为拆除中隔壁的基准。同时,要求中隔壁的拆除应滞后于仰拱,一次拆除长度应根据量测数据慎重确定,拆除后应立即施作二次衬砌。

4.4.2 交叉中隔壁法(CRD法)

1)定义

CRD法是在软弱围岩大跨度隧道中,先分部开挖隧道一侧,施作中隔壁和横隔板,再分部开挖隧道另一侧并完成横隔板施工的施工方法。其施工步骤参见图4-5。施工示例见附图2。

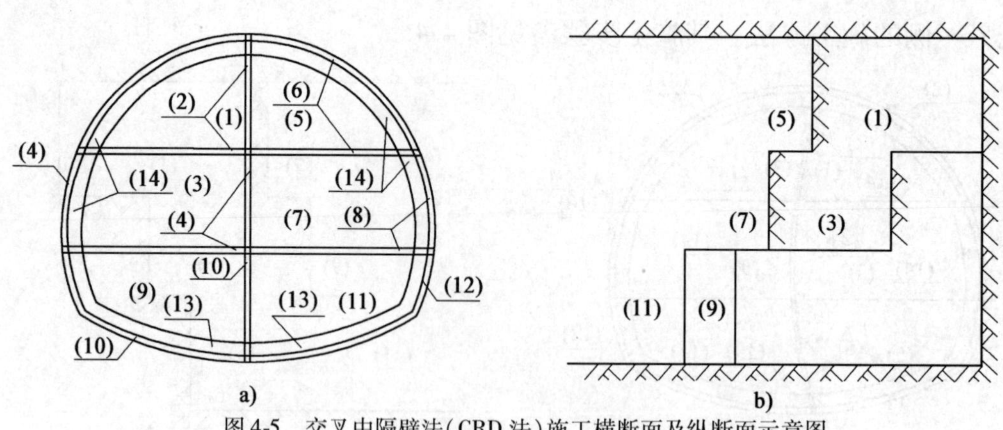

图 4-5　交叉中隔壁法(CRD 法)施工横断面及纵断面示意图

a)横断面;b)纵断面

2)施工顺序说明

(1)左侧上部开挖;(2)左侧上部初期支护;(3)左侧中部开挖;(4)左侧中部初期支护;(5)右侧上部开挖;(6)右侧上部初期支护;(7)右侧中部开挖;(8)右侧中部初期支护;(9)左侧下部开挖;(10)左侧下部初期支护;(11)右侧下部开挖;(12)右侧下部初期支护;(13)仰拱超前浇筑;(14)全断面二次衬砌。

3)施工要求

(1)为确保施工安全,上部导坑开挖循环进尺控制为 1 榀钢架间距(0.6~0.75m),下部开挖可依据地质情况适当加大,仰拱一次开挖长度依据监控量测结果、地质情况综合确定,一般不宜大于 6m。

(2)中间支护系统的拆除时间应考虑其对后续工序的影响,当围岩变形在设计允许的范围之内,并在严格考证拆除的安全性之后,方可拆除。中隔壁混凝土拆除时,要防止对初期支护系统形成大的振动和扰动。

(3)中隔壁的拆除时间要求同 CD 法。

(4)应配备适合导坑开挖的小型机械设备,提高导坑开挖效率。

4.4.3　双侧壁导坑法

1)定义

分部开挖隧道两侧的导坑,并进行初期支护,再分部开挖剩余部分的方法。其施工步骤参见图 4-6。施工示例见附图 3。

2)施工顺序说明

(1)左(右)导坑开挖;(2)左(右)导坑初期支护;(3)右(左)导坑开挖;(4)右(左)导坑初期支护;(5)上台阶开挖;(6)上台阶初期支护、导坑隔壁拆除;(7)下台阶开挖;(8)仰拱初期支护;(9)仰拱超前浇筑;(10)全断面二次衬砌。

3)施工要求

(1)围岩开挖应尽量采用挖掘机和人工配合无爆破施工,局部需爆破施工时,宜弱爆破施工,以尽量减少对地层的扰动。

(2)开挖应严格按规范做好监控量测工作,随时掌握围岩及支护的变形情况,以便及

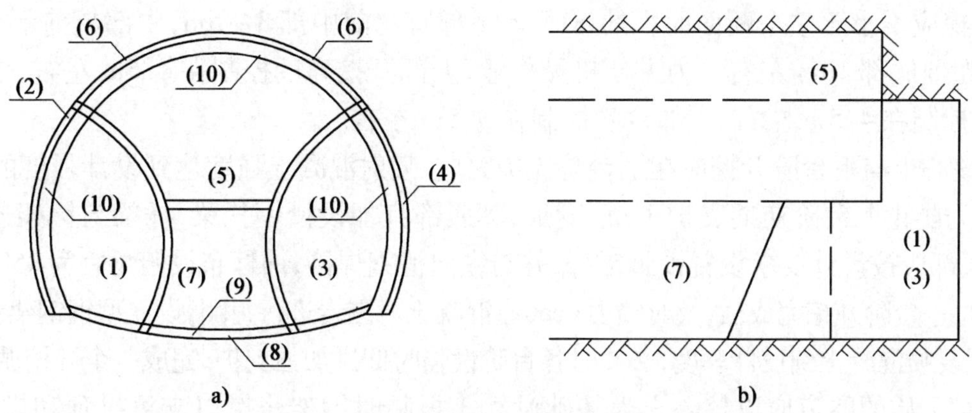

图 4-6　双侧壁导坑法法施工横断面及纵断面示意图

a)横断面;b)纵断面

时修正支护参数,改变施工方法;同时,应有较准确的超前地质预报。

(3)开挖时的排水工作要认真做好,在保证排水畅通的同时,重点要对两侧临时排水沟铺砌抹面,防止钢支撑基底软化。

(4)侧壁导坑开挖后,应及时施工初期支护并尽早形成封闭环;侧壁导坑形状应近于椭圆形断面,导坑跨度宜为整个隧道跨度的三分之一;左右导坑施工时,前后拉开距离不宜小于15m;导坑与中间土体同时施工时,导坑应超前30~50m。

4.4.4　环形开挖留核心土法

1)定义

先开挖上部导坑成环形,并进行初期支护,再分部开挖剩余部分的施工方法。其施工步骤参见图4-7。

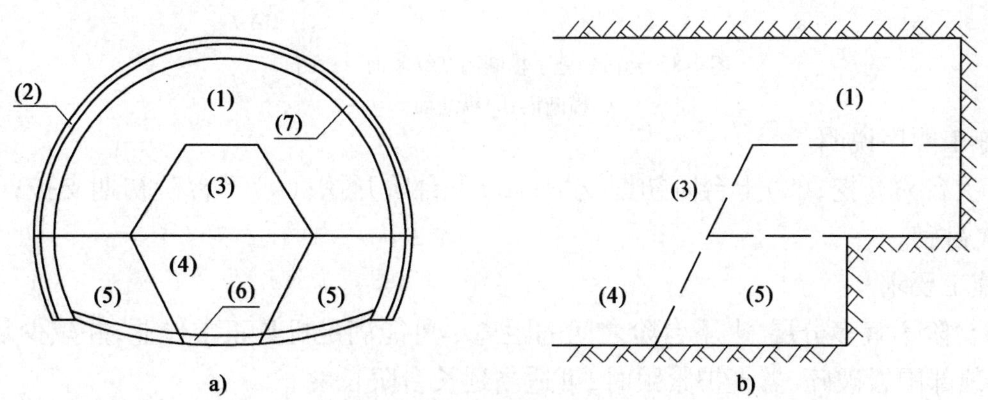

图 4-7　环形开挖留核心土法施工横断面及纵断面示意图

a)横断面;b)纵断面

2)施工顺序说明

(1)上弧形导坑开挖;(2)拱部初期支护;(3)预留核心土开挖;(4)下台阶中部开挖;(5)下台阶侧壁部开挖;(6)仰拱超前浇筑;(7)全断面二次衬砌。

3)施工要求

(1)环形开挖留核心土法,将开挖断面分为上、中、下及底部四个部分逐级掘进施工,核心土面积应不小于整个断面面积的50%。上部宜超前中部3~5m,中部超前下部3~5m,下部超前底部10m左右。为方便机械作业,上部开挖高度控制在4.5m左右,中部台阶高度也控制在4.5m左右,下部台阶控制在3.5m左右。

(2)核心土与下台阶开挖应在上台阶支护完成、喷射混凝土强度达到设计强度的70%后进行。为防止上台阶初期支护下沉、变形,其底部宜加设槽钢托梁,托梁与钢架连为一体,钢架底部应按设计要求设置锁脚锚杆,并与纵向槽钢焊接,锚杆布设俯角宜为45°。

(3)每一台阶开挖完成后,及时喷射4cm厚混凝土对围岩进行封闭,设立型钢钢架及锁脚锚杆,分层复喷混凝土到设计厚度,必要时各台阶设临时仰拱加强支护,完成一个开挖循环。

(4)对土质的隧道应以核心土为基础设立3根临时钢架竖撑以支撑拱顶和拱腰,核心土应根据围岩量测结果适当滞后开挖。

4.4.5 台阶法施工

1)定义

开挖上半断面,待开挖至一定长度后同时开挖下半断面,上、下半断面同时并进的施工方法。其施工步骤参见图4-8。

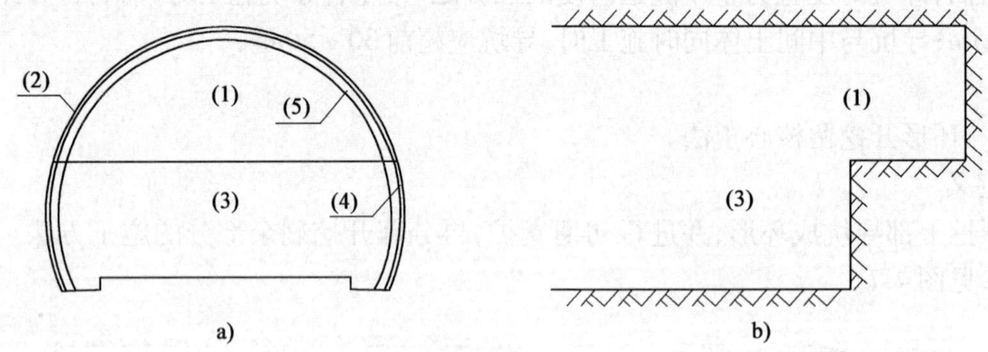

图4-8 台阶法施工横断面及纵断面示意图

a)横断面;b)纵断面

2)施工顺序说明

(1)上台阶开挖;(2)上台阶初期支护;(3)下台阶开挖;(4)下台阶初期支护;(5)全断面二次衬砌。

3)施工要求

(1)台阶不宜多分层,上下台阶之间的距离尽可能满足机具正常作业,并减少翻渣工作量;当顶部围岩破碎,需支护紧跟时,可适当延长台阶长度。

(2)施工亦应先护后挖,宜采用超前锚杆或超前小钢管辅助施工措施。开挖应尽量采用微震光面爆破技术。

(3)初期支护应紧跟开挖面;上台阶施工时,钢架底脚宜设锁脚锚杆和纵向槽钢托梁以利下台阶开挖安全。下台阶在上台阶喷射混凝土强度达到设计强度的70%后开挖。

(4)隧道两侧的沟槽及铺底部分应和下台阶一次开挖成型。

(5)台阶分界线不得超过起拱线,上台阶长度不得大于30m,下台阶马口落底长度不大于2榀钢拱架的长度;应一次落底,并尽快封闭成环。

(6)台阶长度不宜过长,应尽快安排仰拱封闭间,改善初期支护受力条件。

4.4.6 全断面开挖法

1)定义

采用全断面一次开挖成形的施工方法,施工步骤参见图4-9。主要应用于两车道II、III及IV级较好围岩和三车道I、II、III级围岩段的施工。

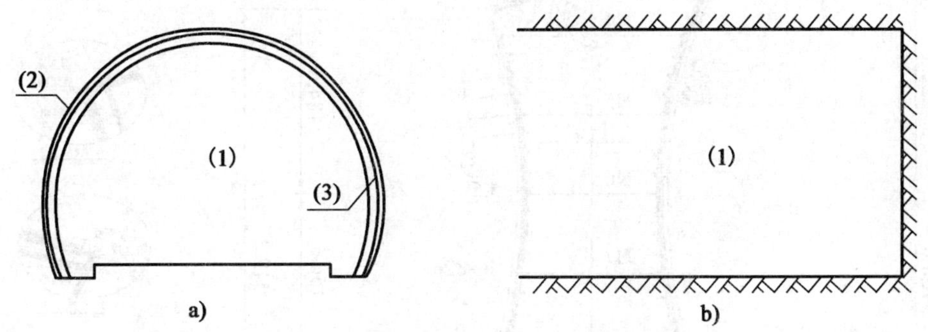

图4-9 全断面法施工横断面及纵断面示意图

a)横断面;b)纵断面

2)施工顺序说明

(1)全断面开挖;(2)初期支护;(3)全断面二次衬砌。

3)施工要求

循环进尺宜控制在3~4m;采用大型机械配套作业;超前开挖导洞时,应控制好开挖距离。

4.5 连拱隧道

4.5.1 一般要求

(1)连拱隧道一般埋深浅、跨度大、地质条件复杂、受雨季地表水影响大,施工应严格按设计及规范要求采取强有力的超前预支护或预加固措施以保证开挖安全,还应特别注意地形偏压带来的不利影响。

(2)钻爆法施工应采用微震光面爆破和减轻震动爆破技术,以减轻爆破对围岩的扰动。

(3)连拱隧道施工应合理安排两侧主洞开挖、初支、二衬等工序的先后顺序及步距,减少先行洞、后行洞施工时相互对围岩及结构的扰动,以确保施工安全。

(4)一般情况下,连拱隧道施工不宜左右两洞齐头并进,同时开挖、衬砌,宜先左(右)洞,后右(左)洞;再左(右)洞、继而右(左)洞的逐步推进,如此往复循环依次进行。先行洞应选择在偏压侧及地质较为软弱的一侧;先行洞开挖超前另侧主洞30~50m,先行洞二次衬砌断面落后后行洞开挖面距离,现场可根据爆破震动监测结果确定,一般不小于2倍洞径。

(5)为确保施工安全,避免二衬出现开裂,要求左、右洞必须至少各配备一台二次衬砌模板台车。

(6)应严格按设计要求进行中隔墙施工,中隔墙施工时应注意预埋与主洞钢支撑连接钢板,如图4-10所示。

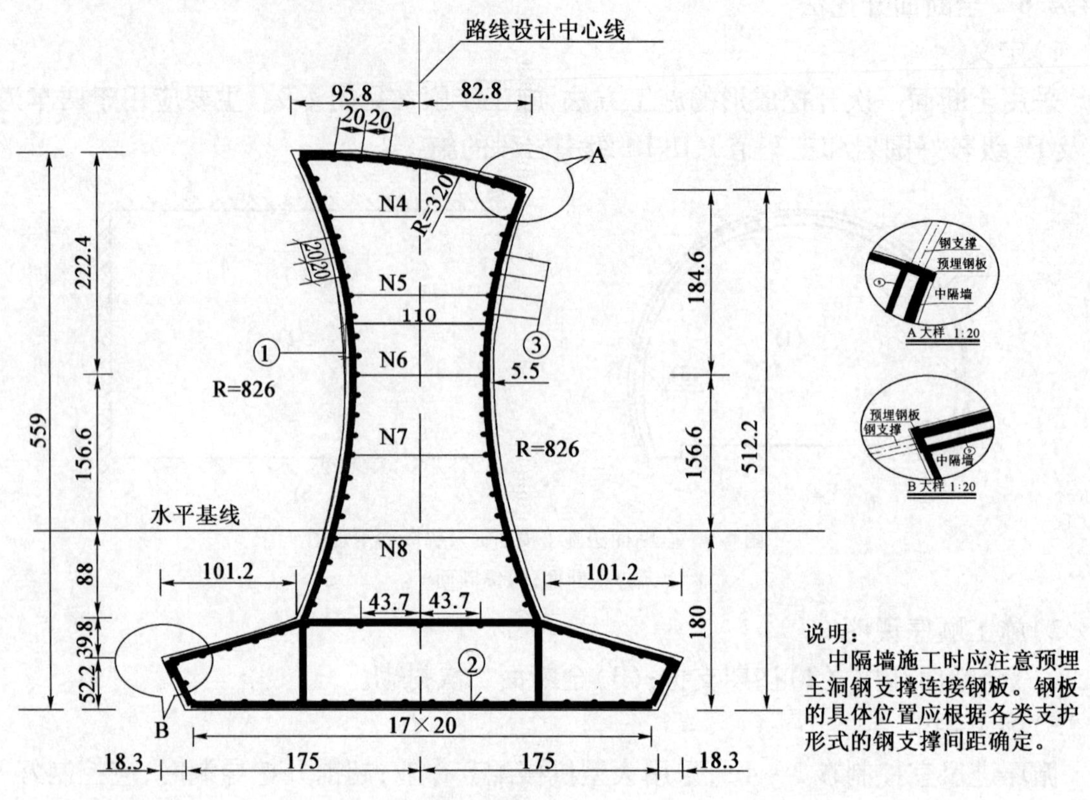

图4-10　连拱隧道中隔墙预埋件(尺寸单位:cm)

4.5.2　施工工序

连拱隧道总体施工工序见图4-11,施工步骤参见图4-12。

4.5.3　施工要点

1)中导洞开挖

中导洞开挖决定着洞身开挖的方向,也是对洞身围岩的情况先行探察,为主洞的开挖积累资料和摸索情况,并且可及时与设计围岩进行对比,修正支护结构参数,指导主洞的施工。中导洞是隧道开挖的关键,必须准确控制开挖中线,仔细探察岩层情况。

中导洞贯通后,浇筑中隔墙混凝土。墙顶处的防、排水设施应按图纸及规范要求做好施工,以保证防、排水设施能充分发挥其效用,排水畅通,不渗不漏。

2)中隔墙施工

连拱隧道对中隔墙的地基承载能力要求较高,施工时应对地基进行测试,承载力不能满足要求时,应采取提高地基承载力的措施,譬如高压加固注浆等。

中隔墙混凝土施工应符合下列要求:

(1)基础底面应清扫干净,无水、无石渣。

(2)墙身内预埋件、排水管应固定牢固,位置准确。中隔墙施工时应注意与主洞钢支

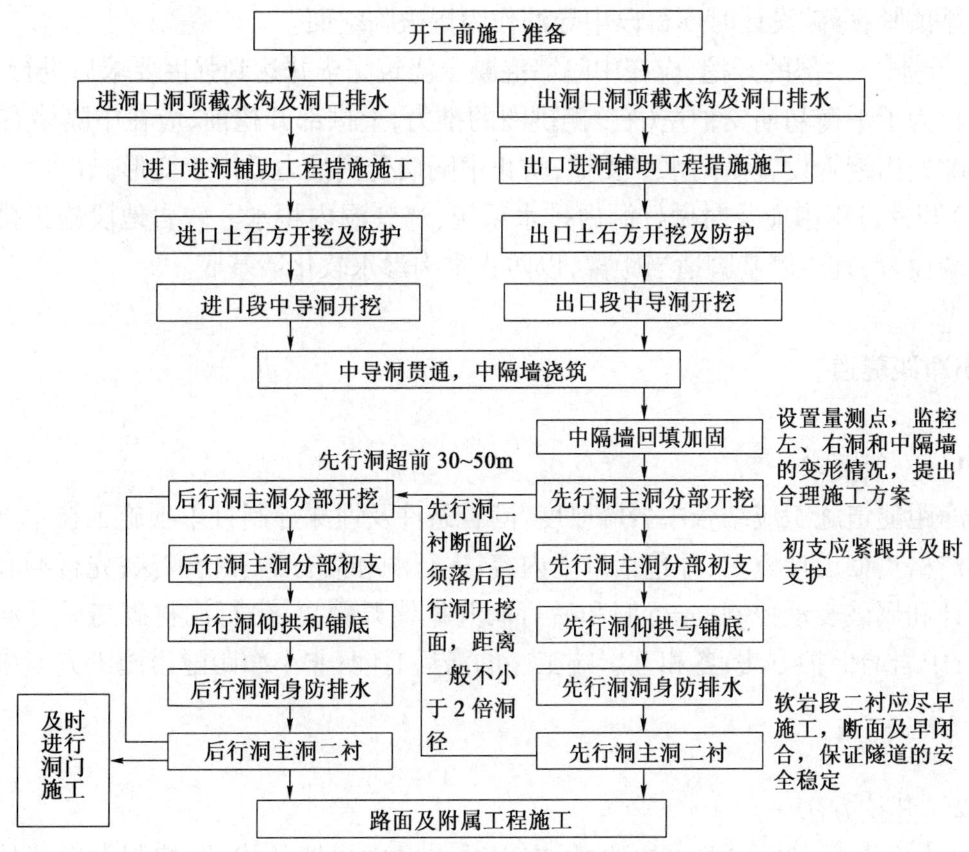

图 4-11　连拱隧道总体施工程序框图

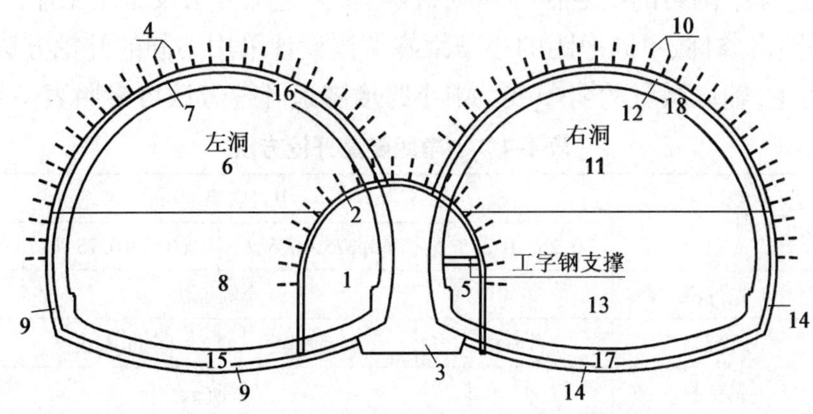

图 4-12　连拱隧道施工步骤横断面示意图

1-中导洞开挖；2-中导洞初期支护；3-中隔墙施工；4-左洞超前支护；5-中隔墙横向支撑；6-左洞上半断面开挖；7-左洞拱部初期支护；8-左洞下半断面开挖；9-左洞下断面初期支护；10-右洞超前支护；11-右洞上半断面开挖；12-右洞拱部初期支护；13-右洞下半断面开挖；14-右洞下断面初期支护；15-左洞仰拱施工；16-左洞二次衬砌；17-右洞仰拱支护；18-右洞二次衬砌

撑连接的钢板预埋牢固，并应加强对预埋排水和止水设施的保护。

(3)中隔墙顶部应与中导洞顶紧密接触，回填密实。

(4)中隔墙模板宜采用定型钢模，以保证混凝土浇筑质量，加快中隔墙施工效率。

3)主洞施工

(1)开挖先行主洞前，后行主洞围岩与中隔墙之间的空隙应按设计要求进行回填密实或支撑顶紧;爆破设计时不得以中导洞作为爆破临空面。

(2)主洞上拱部的开挖,应在中隔墙混凝土浇筑完毕并达到强度要求后进行,并应慎重施工。为了平衡初期支护左(右)侧拱圈的推力,上拱部开挖前,应在中隔墙右(左)侧导坑空隙处用钢管设置横向水平支撑,防止中隔墙受到推力后产生变形。

(3)开挖过程中应及时做好洞内排水系统,严禁洞内积水。软岩地段施工排水沟不应沿边墙设置,宜距墙基脚适当距离,以防止水沟渗水软化墙基底。

4.6 小净距隧道

4.6.1 一般要求

小净距隧道施工应结合中岩墙厚度、围岩条件及埋深等制订单项施工技术方案。该方案应严格贯彻设计意图,并包括以下内容:先行洞和后行洞开挖方法;先行洞和后行洞爆破设计和爆破震动控制;先行洞和后行洞开挖错开距离;先行洞衬砌与后行洞开挖错开距离;中岩墙保护方法;各相互影响工序的滞后时间;非小净距隧道施工方案中的其他内容等。

4.6.2 开挖方法

(1)小净距隧道开挖方法的选择,应以减小对中岩墙的扰动,控制中岩墙的围岩变形,保证开挖过程中围岩的稳定性为原则,合理安排施工方法及施工工序。

(2)不同围岩条件、不同净距的小净距隧道按设计采用不同的开挖方法,V级围岩应以机械开挖为主,辅以微量的弱爆破。中小跨度隧道开挖方法可参照表4-4。

表4-4 小净距隧道开挖方法

<table>
<tr><th colspan="2" rowspan="2">围岩级别</th><th colspan="4">中岩墙厚度(m)</th></tr>
<tr><th>(0.25~0.375)b</th><th>(0.375~0.5)b</th><th>(0.5~0.75)b</th><th>(0.75~1.0)b</th></tr>
<tr><td rowspan="2">II
III</td><td>先行洞</td><td colspan="4">全断面法</td></tr>
<tr><td>后行洞</td><td>台阶法</td><td>台阶法</td><td>全断面法</td><td>全断面法</td></tr>
<tr><td rowspan="2">IV</td><td>先行洞</td><td colspan="4">台阶法</td></tr>
<tr><td>后行洞</td><td>CD法、CRD法</td><td>CD法、CRD法</td><td>CD法、CRD法</td><td>台阶法</td></tr>
<tr><td rowspan="2">V</td><td>先行洞</td><td colspan="4">CD法、CRD法</td></tr>
<tr><td>后行洞</td><td colspan="4">CD法、CRD法</td></tr>
</table>

注:b——单洞隧道的开挖宽度。

4.6.3 施工要点

(1)小净距隧道爆破应进行专门设计,并进行试爆,测定震动值,严格控制爆破震动;先行洞与后行洞掌子面错开距离应大于2倍隧道开挖宽度。

小净距隧道施工应重点控制爆破对中岩墙的危害。相邻爆破分段起爆间隔时间宜不小于100ms。

(2)小净距隧道的开挖和爆破:

①对III、IV、V级围岩小净距隧道双洞间相互影响程度划分和小净距隧道爆破震动速度控制标准可参考表4-5及表4-6。

表4-5 小净距隧道双洞间相互影响程度划分

围岩条件		影响程度			分离式单洞
		严重影响	一般影响	轻微影响	
围岩级别	III	≤0.375b	(0.375~0.5)b	(0.75~2.0)b	≥2.0b
	IV	≤0.5b	(0.5~0.75)b	(1.0~2.5)b	≥2.5b
	V	≤0.75b	(0.75~1.5)b	(1.5~3.5)b	≥3.5b

注:b——单洞隧道的开挖宽度。

表4-6 小净距隧道爆破震动速度控制标准值(单位:mm/s)

围岩级别	小净距隧道爆破震动速度控制标准值		
	严重影响	一般影响	轻微影响
III	80~100	100~120	150~200
IV	50~80	80~100	100~150
V	<50	50~80	80~100

②先行洞的开挖可采用与分离式隧道相同的施工方法,但应重视爆破震动对中岩墙的影响。后行洞的开挖,当采用CD法或CRD法开挖时,宜先开挖靠近中岩墙侧。

(3)小净距隧道初期支护、二次衬砌应满足下列要求:

①对于差围岩,应采用封闭的初期支护;对于好的围岩,初期支护可不封闭,但应尽早浇筑仰拱。

②先行洞的二次衬砌宜在围岩变形基本稳定后进行,宜落后于后行洞掌子面2倍隧道开挖宽度以上,且在初期支护变形基本稳定(参考值:周边位移速率小于0.2mm/d,拱顶下沉速率小于0.15mm/d)后尽早施工。

③为确保施工安全,避免二衬出现开裂,要求先、后行洞必须至少各配备一台二次衬砌模板台车。

5 初期支护与辅助工程措施

5.1 一般规定

5.1.1 初期支护应配合开挖作业及时进行,确保围岩稳定及施工安全。

5.1.2 当掌子面自稳能力差时,应采取增加辅助工程措施或改变开挖方法等措施。

5.1.3 软弱围岩地段施工必须坚持“先支护(强支护)、后开挖(短进尺、弱爆破)、快封闭、勤量测”的施工原则,初期支护紧跟掌子面。Ⅳ~Ⅵ级围岩初期支护必须保证尽早封闭成环。

5.1.4 隧道支护宜根据现场监控量测结果,分析施工中的各种信息,及时调整支护措施和支护参数。

5.1.5 施工中应做好地质描述和超前地质预报,根据围岩条件的变化,因地制宜,提前采取相应措施,做到安全可靠、经济合理。

5.1.6 隧道施工作业人员安全防护应按本指南第2.3条规定配备;作业人员的皮肤应避免与速凝剂、树脂胶泥等化学制剂直接接触;作业区粉尘浓度必须符合本指南第11.2条及相应规范的要求。

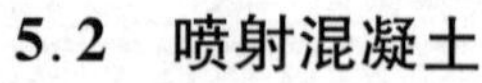

5.2 喷射混凝土

图5-1 喷射混凝土施工

5.2.1 一般要求

(1)喷射混凝土不得采用干喷工艺,应采用湿喷工艺进行施工。鼓励采用混凝土喷射机组进行喷射混凝土施工,见图5-1。

(2)液体速凝剂应采用环保无碱速凝剂。

(3)喷射混凝土配合比应通过试验确定并满足设计强度和喷射工艺的要求。

(4)隧道开挖后应及时初喷,硬岩地段复喷作业距离掌子面不得大于60m,软岩地段初期支护应紧跟掌子面。

5.2.2　施工工序

喷射混凝土施工工序流程见图5-2。

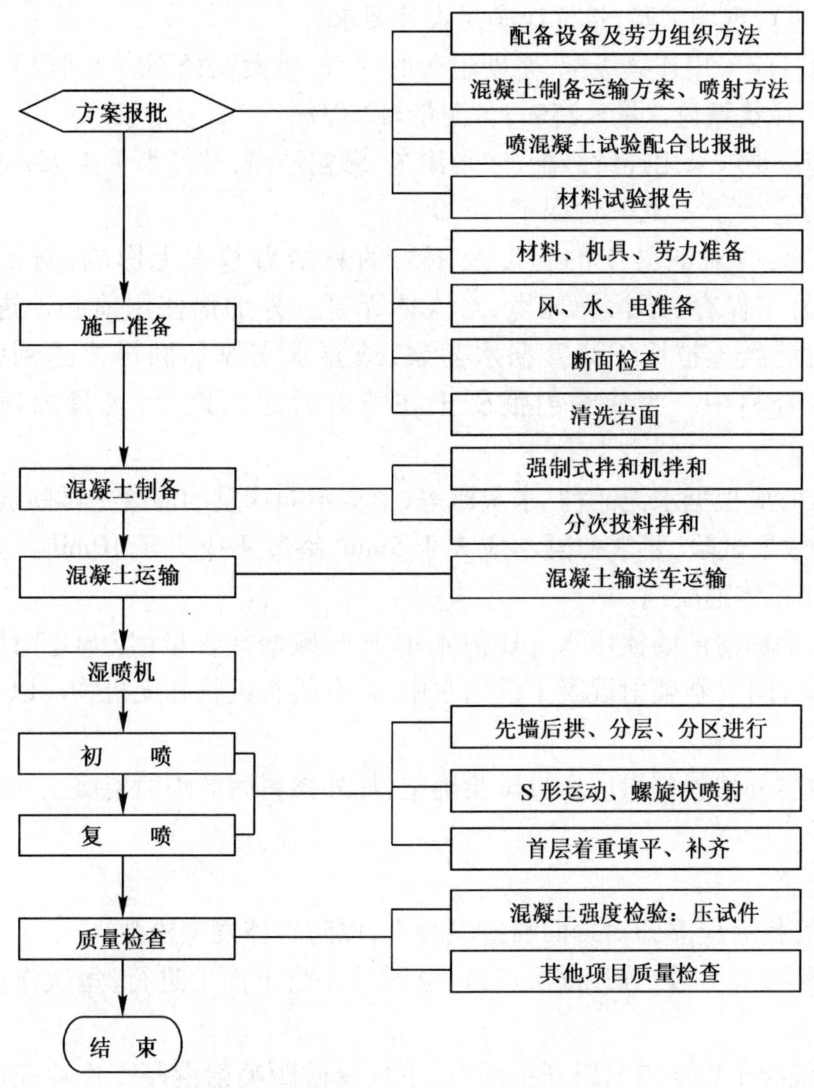

图5-2　喷射混凝土施工工艺流程框图

5.2.3　施工要点

1)喷射混凝土作业前应做好的准备工作

(1)岩面有渗水出露时,应先引排处理。当局部出水量较大时,可采用埋管、凿槽、设置树枝状排水盲沟等措施,将水引导疏出后再喷射混凝土。

(2)应埋设标志或利用锚杆外露长度以控制喷射混凝土的厚度,以确保最小厚度满足设计要求。

(3)检查材料、机具、劳力的准备情况,检查风、水、电等管线路,并试运转,作业面具有良好的通风和照明条件。

(4)拌料设备应严格密封,以防外来物质侵入。在混合料中添加钢纤维时,宜采用钢纤维播料机。

2)喷射混凝土原材料要求

(1)水泥:宜选用硅酸盐水泥或普通硅酸盐水泥。特殊情况下可采用特种水泥,采用特种水泥时应进行现场试验,指标应满足设计要求。

(2)粗集料:应采用连续级配、坚硬耐久的碎石,最大粒径不应大于13.2mm,其压碎值应≤16%,针片状颗粒含量≤25%,含泥量≤2.0%。

(3)细集料:要求采用连续级配、坚硬耐久、颗粒洁净、粒径小于4.75mm的河沙或机制砂,细度模数宜大于2.5,其含泥量≤5.0%。

(4)外加剂:应对混凝土的强度及围岩的黏结力基本无影响,对混凝土和钢材无腐蚀作用,易于保存,不污染环境,对人体无害。外加剂使用前必须进行相应性能试验。凡喷射混凝土拟用于堵塞漏水灌浆,或要求支撑加固尽快达到强度值,可掺加早强剂于混合料中。为使喷射混凝土在喷射后达到速凝,可掺加速凝剂于混合料中。

(5)速凝剂:应根据水泥品种、水灰比等,根据不同掺量的混凝土试验选择掺量,使用前应做好速凝效果试验,要求初凝不应大于5min,终凝不应大于10min。应采用液体速凝剂,严禁采用粉体速凝剂。

(6)水:应采用清洁的饮用水,pH值不小于4、硫酸盐含量(以SO_4^{2-}计)不超过1%的清水(按质量计)。在喷射混凝土的用水中,含有的有机物和无机物应以不损害混凝土的质量为准。

(7)外掺料:外掺料剂量应通过试验确定,加外掺料后的喷射混凝土性能必须满足设计要求。

3)喷射作业

(1)隧道开挖后应立即对岩面喷射混凝土,以防岩体发生松弛。

(2)喷射作业应分段、分片依次进行,喷射顺序自下而上进行,每次作业区段纵向长度不宜超过6m。

(3)喷射混凝土作业需紧跟开挖面时,下次爆破距喷射混凝土作业完成时间的间隔不小于4h。

(4)喷射混凝土混合料应随拌随喷,回弹物不得重新用作喷射混凝土材料。

(5)一次喷射厚度应根据设计厚度和喷射部位确定,初喷厚度宜为40~60mm。复喷一次喷射厚度拱顶不得大于100mm、边墙不得大于150mm。首层喷混凝土时,要着重填平补齐,将小的凹坑喷圆顺。岩面有严重坑洼处采用锚杆吊模模喷混凝土处理。

(6)喷射作业应以适当厚度分层进行,后一层喷射应在前一层混凝土终凝后进行。若终凝后间隔1h以上且初喷表面已蒙上粉尘时,受喷面应用高压风水清洗干净。

(7)喷射混凝土作业时喷嘴应垂直岩面;喷嘴距岩面距离以0.6~1.2m为宜,喷射料束与受喷面垂线成5°~15°夹角时最佳;喷射时,应使喷射料束螺旋形运动;喷射机工作压力应控制在0.1～0.15MPa。

(8)钢架与壁面之间的间隙应用喷射混凝土充填密实;喷射混凝土应由两侧拱脚向上对称喷射,并将钢架覆盖,保证将其背面喷射填满,黏结良好。拱脚基础喷射混凝土要密实,严禁悬空。

(9)喷混凝土终凝2h后,应喷水养护,养护时间不少于7d;隧道内环境温度低于5℃时,不得喷水养护。

(10)冬季施工时,喷射混凝土作业区的温度不应低于5℃,混合料进入喷射机的温度不应低于5℃,在结冰的岩面上不得进行喷射混凝土作业。混凝土强度未达到6MPa前不得受冻。

5.3 锚杆

5.3.1 一般要求

(1)隧道锚杆施工质量执行工后检测。挂防水板之前,项目业主应委托有资质的检测单位对隧道锚杆长度、数量、注浆饱满度进行检测,检测频率原则上不低于锚杆数量的3%。

(2)为保证拱部锚杆的施作质量,要求对拱部锚杆采用专门锚杆机进行施作,锚杆机性能必须适合硬岩条件下的钻孔要求,见图5-3。侧墙及拱腰部位可采用一般气腿式凿岩机钻孔。

图5-3 锚杆机

(3)所有锚杆都必须安装垫板,垫板应与喷射混凝土紧密接触。

(4)锚杆施工宜在初喷后及时进行。Ⅳ、Ⅴ级围岩的系统锚杆尾端应预留足够长度,确保锚杆垫板能够在复喷完成后安装,以便于锚杆质量检测。

(5)锚杆施作位置用红漆进行标识,见附图4示意。

(6)隧道现场监理工程师应准备锚杆验收专用记录本。对每次锚杆的检查验收,应详细注明锚杆施作的里程桩号、围岩等级、锚杆施作情况、设计数量、实做数量等。每期锚杆计量必须附隧道现场监理工程师签认的锚杆验收记录复印件。

(7)对中空锚杆的注浆,监理必须要有旁站记录,严禁未注浆行为。

(8)全长黏结式锚杆安设后不得敲击,其端部3d内不得悬挂重物。

5.3.2 施工工序

中空注浆锚杆施工工序流程见图5-4,其他种类的锚杆施工工序流程基本相同,可参照执行。

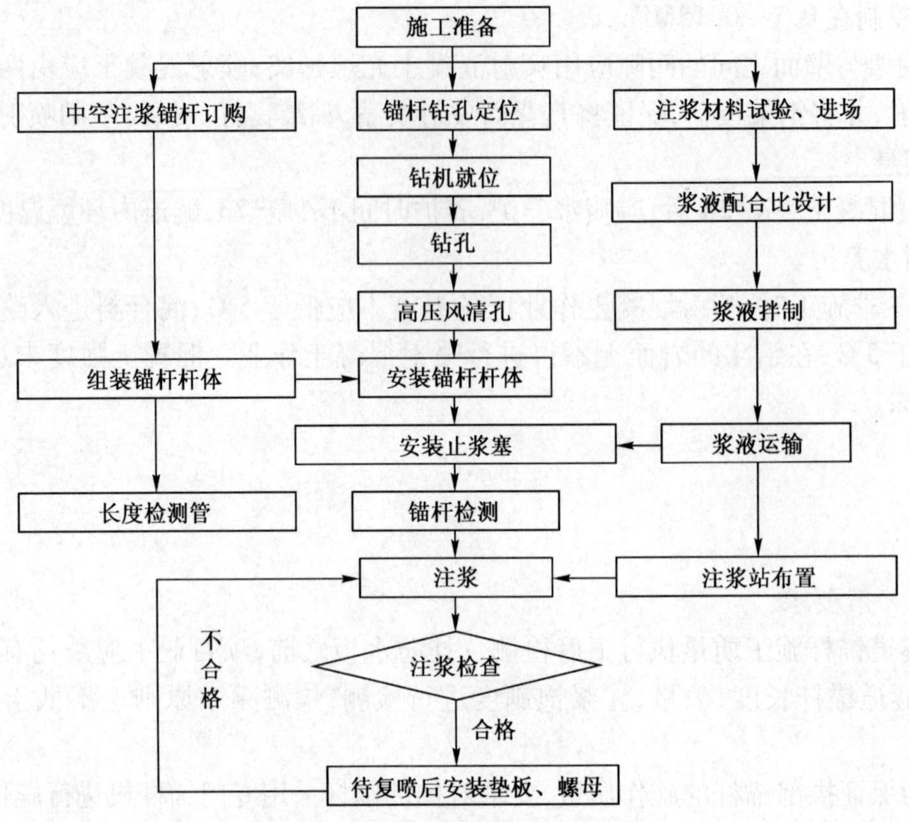

图 5-4　中空注浆锚杆施工工艺流程框图

5.3.3　施工要点

(1)钻孔深度不应小于锚杆杆体有效长度,但深度超长值不应大于 100mm。

(2)钻孔宜保持直线,系统锚杆钻孔方向宜与开挖面垂直。当岩层层面或主要结构面明显时,应尽可能与其成较大交角,但与开挖面的垂直偏差不应大于 20°。局部锚杆应尽可能与岩层层面或主要结构面成大角度相交。

(3)锚杆深度要求:水泥砂浆锚杆孔深允许偏差为 ±50mm;早强药包锚杆孔深应与杆体长度配合适当。

(4)锚杆材料应满足设计要求,并符合下列规定:①锚杆杆体宜选用 HRB335、HRB400 钢,杆体直径 20 ~ 28mm,杆体屈服抗拉力≥150kN,强屈比≥1.2;②锚杆用的各种水泥砂浆强度不应低于 M20;③锚杆垫板材料宜采用 Q235 钢材。

(5)安装垫板时,应确保垫板与锚杆轴线垂直,确保垫板与喷射混凝土层紧密接触。当锚杆孔的轴线与孔口面不垂直时,可采用下述两种方法进行调整:一是在螺母下安装楔形垫块;二是在垫板后用砂浆或混凝土找平。锚杆砂浆凝固前不得加力。

(6)普通水泥砂浆锚杆要求:

①普通水泥砂浆锚杆与中空注浆锚杆施工顺序不同,施工顺序为成孔后先注浆,再安装锚杆。

②普通水泥砂浆锚杆宜选用螺纹钢筋作锚杆。锚杆外露端应加工 120 ~ 150mm 的标准螺纹,并采用配套标准螺母。

③砂浆配合比(质量比):水泥 ∶ 砂 ∶ 水宜为1 ∶(1~1.5)∶(0.45~0.5),砂的粒径不宜大于3mm。

④砂浆应随拌随用,一次拌和的砂浆应在初凝前用完,已初凝的砂浆不得使用。

⑤采用单管注浆工艺,灌浆管应插至距孔底50~100mm处。开始注浆后反复将注浆管向孔底送,使砂浆将孔内多余的水挤压出孔外,之后随水泥砂浆的注入缓慢匀速拔出。灌浆压力不宜大于0.4MPa。

⑥注浆开始或中途暂停超过30min时,应用水润滑灌浆罐及其管路。

⑦砂浆灌注后应及时插入锚杆杆体,锚杆杆体插到设计深度时,孔口应有砂浆流出,若孔口无砂浆流出,则应将杆体拔出重新灌浆。全长黏结锚杆应灌浆饱满。

(7)中空注浆锚杆要求:

①对中空锚杆的注浆,监理必须要有旁站记录,严禁未注浆行为。

②中空注浆锚杆施工时应保持中空通畅,并留有专门排气孔。螺母应在砂浆初凝后拧紧,并使垫板与喷射混凝土面紧密接触。

③中空注浆锚杆应有锚头、垫板、螺母、止浆塞等配件。

④注浆过程中,注浆压力应保持在0.3MPa左右,待排气口出浆后,方可停止灌浆。

(8)水泥砂浆药包锚杆要求:

①应对药包做泡水检验,药包包装纸应采用易碎纸。

②药包不应有受潮结块现象,药包宜在清水中浸泡,随用随泡。

③药包应以专用工具推入钻孔内,防止中途破裂。

④锚杆宜采用手送插入并转动锚杆,也可锤击安装,但不得损伤锚头螺纹。

⑤锚杆插到设计深度时,孔口应有砂浆流出,无流出时应补灌砂浆。

⑥砂浆的初凝不得小于3min,终凝不得大于30min。

⑦应使垫块与喷射混凝土紧密接触。

5.4 钢架

5.4.1 一般要求

(1)钢架应分节段制作,每节段长度应根据设计尺寸及开挖方法确定,不宜大于4m。每片节段应编号,注明安装位置。型钢钢架宜采用冷弯法制作成型。钢架节段可采用工厂化加工制作方案,亦可在现场加工制作。现场加工的格栅钢架应按1∶1胎模控制尺寸,所有钢筋节点必须采用焊接,焊接长度应不小于40mm,对称焊。

(2)拱架接头钢板厚度及螺栓规格必须符合设计要求;接头钢板螺栓孔必须采用机械钻孔,孔口采用砂轮机清除毛刺和钢渣;要求每榀之间可以互换,严禁采用气割冲孔。见附图5说明。

(3)钢架加工尺寸应符合设计要求,其形状应与开挖断面相适应。

(4)不同规格的首榀钢架加工完成后,应放在平地上试拼,周边拼装允许偏差为±30mm,平面翘曲应小于20mm。当各部尺寸满足设计要求时,方可批量生产。

5.4.2 施工工序

钢架安装施工工序流程见图5-5。

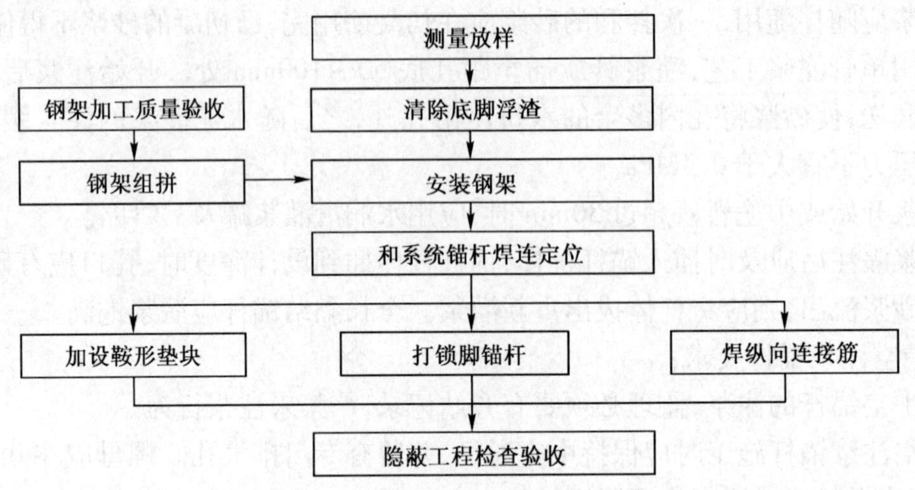

图5-5 钢架安装施工工序流程框图

5.4.3 施工要点

(1)钢架安装前应检查开挖断面轮廓、中线及高程。

(2)钢架安装应确保两侧拱脚必须放在牢固的基础上(见附图6示例)。安装前应将底脚处的虚渣及其他杂物彻底清除干净;脚底超挖、拱脚高程不足时,应用喷射混凝土填充;拱脚高度应低于上半断面底线15~20cm。当拱脚处围岩承载力不够时,应向围岩方向加设钢垫板、垫梁或浇筑强度不低于C20的混凝土以加大拱脚接触面积。

(3)钢架应分节段安装,节段与节段之间应按设计要求连接。连接钢板平面应与钢架轴线垂直,钢板连接紧密(见附图7示例)。

(4)相邻两榀钢架之间必须用纵向钢筋连接,连接钢筋直径不应小于18mm,连接钢筋间距不应大于1.0m。

(5)钢架立起后,根据中线、水平将其校正到正确位置,然后用定位筋固定,并用纵向连接筋将其和相邻钢架连接牢靠。钢架安装时应垂直于隧道中线,竖向不倾斜、平面不错位,不扭曲。上、下、左、右允许偏差±50mm,钢架倾斜度应小于2°。

(6)钢架在初喷混凝土后安装,应尽可能与围岩或初喷面密贴,有间隙时应采用混凝土垫块楔紧,严禁采用片石回填。

(7)钢架应严格按设计架设,间距必须符合设计要求,拱架安装位置采用红油漆进行标注,并编写号码。

(8)下导坑开挖时,预留洞室的位置也要按设计要求进行支护,只有在施工二衬时方可拆除,以确保安全。

(9)钢架安装就位后,钢架与围岩之间的间隙应用喷射混凝土充填密实,并使钢架与喷射混凝土形成整体。喷射混凝土应由两侧拱脚向上对称喷射,并将钢架覆盖,临空一侧的喷射混凝土保护层厚度应不小于20mm。

（10）钢架应经常检查，如发现破裂、倾斜、弯扭、变形以及接头松脱、填塞漏空等异状，必须立即加固。

（11）钢架的抽换、拆除，应本着"先顶后拆"的原则进行，防止围岩松动坍塌。

5.5　钢筋网

5.5.1　一般要求

（1）钢筋网材料应满足设计要求，钢筋网钢筋在使用前应调直、清除锈蚀和油渍。

（2）钢筋网铺设原则上应在施工现场进行铺设，如受开挖进尺影响，可采用模具进行加工。

5.5.2　施工要点

（1）应在初喷一层混凝土后再进行钢筋网的铺设。

（2）钢筋网宜随受喷面起伏铺设，与受喷面间隙宜控制在20～30mm。

（3）钢筋网应与锚杆或其他固定装置连接牢固，在喷射混凝土时不得晃动。

（4）钢筋搭接长度不得小于30d（d为钢筋直径），并不得小于一个网格长边尺寸。

5.6　超前锚杆支护

5.6.1 一般要求

（1）超前锚杆搭接长度应大于1m，锚杆插入孔内的长度不得小于设计长度。

（2）超前锚杆宜和钢架支撑配合使用，外插角宜为5°～20°。锚杆长度宜为3～5m，并应大于循环进尺的2倍。

（3）锚杆材料符合本指南第5.3条的要求。

5.6.2　施工工序

超前锚杆施工工序流程见图5-6。

5.6.3　施工要点

（1）测量开挖面中线、高程，画出开挖轮廓线，并点出锚杆孔位，孔位允许偏差为±20mm。

（2）钻孔台车或凿岩机就位，对正孔位钻孔，达到设计要求后，用吹管、掏勺将孔内碎渣和水排出。

（3）超前锚杆安装：

注浆或填塞锚固药卷：将早强锚固剂药卷放在水中，泡至软而不散时取出，再人工持炮棍将药卷塞满至孔深1/3～1/2处。注浆施工按本指南第5.3条执行。

安装锚杆：用人工持铁锤将锚杆打入，以锚杆达孔底且孔口有浆液流出为止。

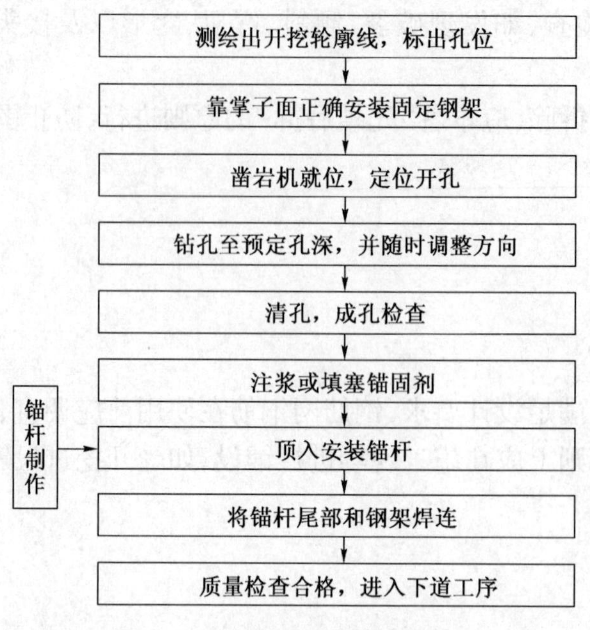

图5-6 超前锚杆施工工序流程框图

(4)将锚杆的尾部和系统锚杆的环向钢筋或钢架焊连,以增强共同支护作用。

(5)锚杆沿开挖轮廓线周边均匀布置,尾端与钢架焊接牢固,锚杆入孔长度符合要求。

5.7 超前小导管预注浆支护

5.7.1 一般要求

(1)超前小导管直径应按设计要求选用和加工,长度应满足设计要求,纵向搭接长度应不小于1.0m。

(2)对小导管注浆要有旁站记录,记录内容必须包含以下内容:施作里程范围、小导管根数、长度、最大单根注浆量、最小单根注浆量、总注浆量、注浆控制压力(注浆量以使用水泥袋数或公斤为单位)。同时,对小导管、管棚的安装和注浆必须要有影像资料。严禁未注浆行为。

5.7.2 施工工序

超前小导管预注浆施工工序流程见图5-7。

5.7.3 施工要点

(1)和钢架联合支护时,宜从钢架腹部穿过,尾端与钢架焊接。超前小导管沿隧道纵向开挖轮廓线,向外以10°~30°的外插角钻孔,将小导管打入地层。导管环向间距宜为200~500mm。见附图8示例。

(2)钻孔、安装小导管后,管口用麻丝和锚固剂封堵钢管与孔壁间空隙,管口安装封头和孔口阀,并能承受规定的最大注浆压力和水压。见附图9示例。

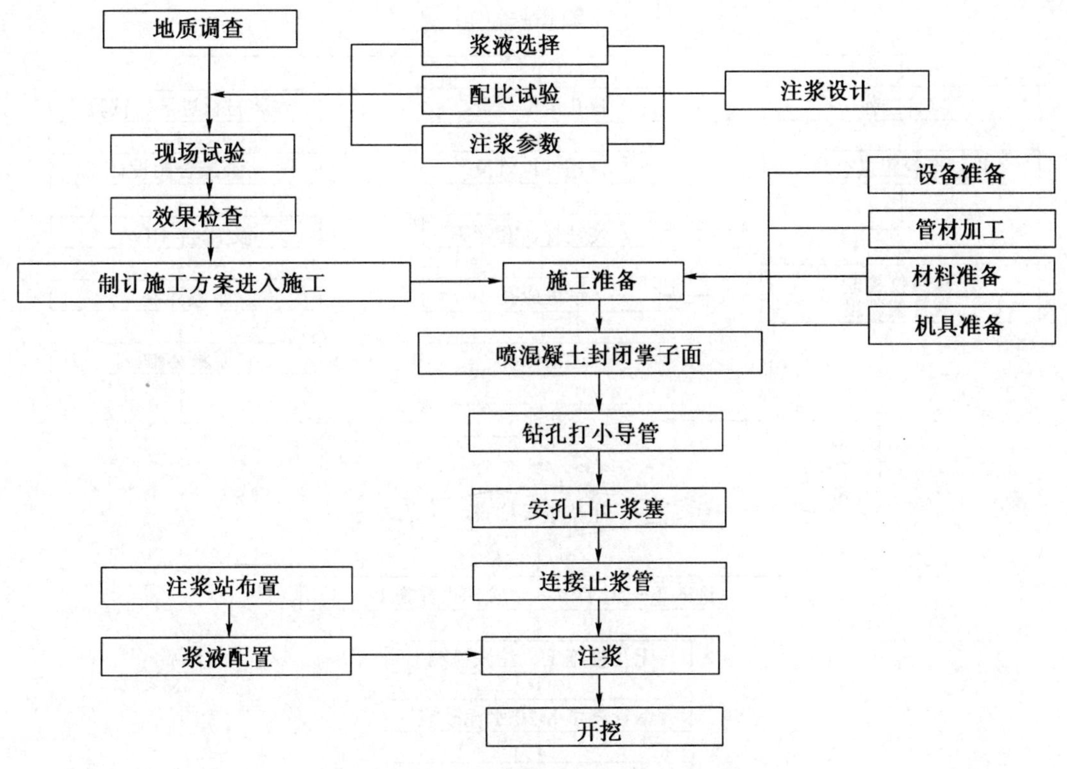

图 5-7　超前小导管预注浆施工工序流程框图

(3)注浆前,应对开挖面及5m范围内的坑道喷射厚为50~100mm混凝土或用模筑混凝土封闭,以防止注浆作业时,发生孔口跑浆现象。

(4)注浆压力应为0.5~1.0MPa,注浆按由下至上的顺序施工,浆液先稀后浓,注浆量先大后小。

(5)结束标准:以终压控制为主,注浆量校核。当注浆压力为0.7~1.0MPa,持续15min即可终止。

(6)注浆后至开挖的时间间隔,应视浆液种类决定。当采用单液水泥浆时,开挖时间为注浆后8h;采用水泥—水玻璃浆液时,为4h左右。开挖时应保留1.5~2.0m的止浆墙,防止下一次注浆时孔口跑浆。

5.8　超前管棚支护

5.8.1　一般要求

(1)超前管棚支护的长度和钢管外径应满足设计要求。纵向搭接长度应不小于3m。

(2)管棚钢管外径宜为ϕ(70~180)mm,钢管中心间距宜为管径的2~3倍。外插角宜为1°~5°。单根钢管长度宜为4~6m。

5.8.2　施工工序

超前管棚施工工序流程见图5-8。

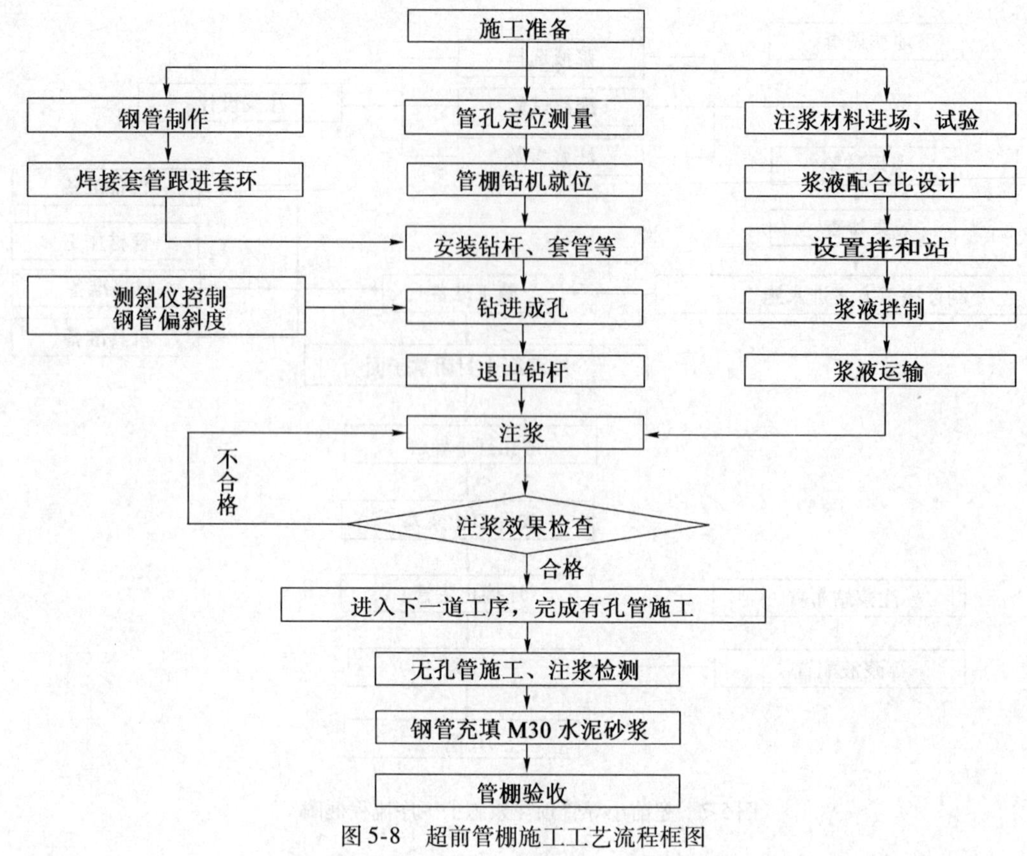

图5-8　超前管棚施工工艺流程框图

5.8.3　施工要点

(1)沿隧道开挖轮廓线纵向钻设管棚孔,其外插角以不侵入隧道开挖轮廓线或侵入越小越好。孔深不宜小于10m,孔径比管棚钢管直径大20~30mm,钻孔顺序由高孔位向低孔位进行。

(2)接长管棚钢管时,接头应采用厚壁管箍,上满丝扣,丝扣长度不应小于150mm。接头应在隧道横断面上错开。

(3)管棚定位:以套拱内预埋的孔口管定向、定位,严格控制其上抬量和角度。

(4)钻孔施工采用管棚钻机,利用套管跟进的方法钻进,长管安装一次完成。为保证长管棚施工质量,在拱脚部位,选2个孔作为试验孔,找出地层特点,并进行注浆和砂浆充填试验。

(5)安装钢管时,先打有孔钢管,注浆后再打无孔钢管。每钻完一孔便顶进一根钢管。

(6)为确保注浆质量,在钢管安装后,管口用麻丝和锚固剂封堵钢管与孔壁间空隙,钢管自身利用孔口安装的封头将密封圈压紧,压浆管口上安装三通接头。

(7)用双液注浆泵按先下后上,先单液浆、再双液浆,先稀后浓的原则注浆。注浆量由压力控制,初压0.5~1.0MPa,终压为2.0MPa。达到结束标准后,停止注浆。

(8)注浆后,扫排管内胶凝浆液,用水泥砂浆紧密充填,增强管棚的刚度和强度;对于非压浆孔,直接充填即可。

5.9 超前预注浆

5.9.1 一般要求

(1)注浆段的长度应满足设计要求,宜为15~30m。

(2)注浆管的布置角度及深度应符合设计要求。

(3)注浆管应根据设计要求选用相应规格的钢管加工。

(4)注浆材料及浆液配合比应根据地质条件、注浆目的、注浆工艺等因素确定。一般情况下注浆材料应选用水泥系浆材,不宜采用化学浆材,水泥一般选用普通硅酸盐水泥。采用水泥浆液时,水灰比可采用0.5∶1~1∶1。采用水泥—水玻璃浆液,应根据胶凝时间配制。一般水泥浆液的水灰比为0.5∶1~1∶1,水玻璃浓度为25~40波美度,水泥浆与水玻璃的体积比宜为1∶1~1∶0.3。

(5)注浆压力应根据岩性、施工条件等因素通过现场试验确定。注浆过程中应根据浆液扩散情况、注浆量、注浆压力等参数调整注浆材料和配合比。

(6)注浆方式可选用前进式、后退式或全孔式,注浆顺序宜为先内圈孔、后外圈孔,先无水孔、后有水孔,从拱顶顺序向下进行。

当钻孔遇到较大涌水时,应暂停钻孔,待压浆后钻孔,重复钻孔、注浆,这种注浆方式称为前进式注浆。

当钻孔中涌水量较小时,则钻孔可直接钻到设计深度,然后从孔底向孔口分段注浆,这种注浆方式称为后退式注浆。

当钻孔直到孔底,然后一次注浆完毕,这种注浆方式称为全孔式注浆。

5.9.2 施工工序

超前预注浆施工工序流程见图5-9。

5.9.3 施工要点

1)钻孔施工

8~15m的浅孔可采用钻孔台车或重型风钻钻孔,当孔深超过15m时,则应采用地质钻机钻孔。

2)注浆作业

注浆机具设备应性能良好,满足使用要求。

(1)注浆前应进行压水或压入稀浆试验,判断地层的吸浆和扩散情况,确定浆液种类、浓度和注浆压力,发现与设计不符时,应立即调整。

(2)在涌水量大、压力高的地段钻孔时,应先设置带闸阀的孔口管;当出现大量涌水时,拔出钻具,关闭孔口管上的闸阀,做好准备后进行注浆;当掌子面围岩破碎时,应先设置止浆墙和孔口管。孔口管埋入止浆墙深度应根据最大注浆压力而定;孔口管应为无缝钢管,直径不宜小于90mm。

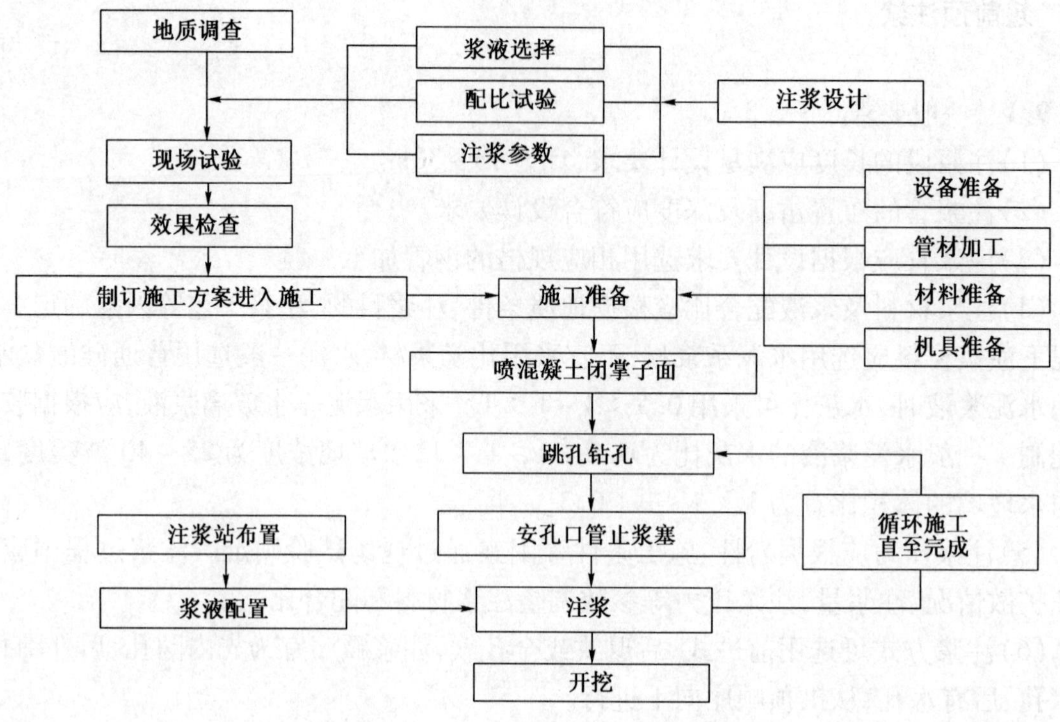

图5-9 超前预注浆施工工序流程框图

安装注浆管时,应在注浆管孔口处用胶泥和麻丝缠绕,使之与钻孔孔壁充分挤压塞紧,实现注浆管的止浆与固定。胶泥凝固到有足够强度后方可进行注浆。

(3)分段注浆时,应设置止浆塞,止浆塞应能承受注浆终压的要求。

(4)注浆过程中应做好施工记录,施工记录应包括孔位、孔径、孔深、浆液配合比、注浆压力、注浆量、跑浆、串浆等情况的说明。发现问题应及时处理。

(5)浆液的浓度、胶凝时间应符合设计要求,不得任意变更。

3)注浆结束条件

(1)单孔结束条件:注浆压力达到设计终压并稳定10min,且进浆速度小于开始进浆速度的1/4,或注浆量不小于设计注浆量的80%。

(2)全段结束条件:所有注浆孔均已符合单孔结束条件,无漏注情况。

4)注浆后检查

注浆后必须对注浆效果进行检查,如未达到要求,应进行补孔注浆。

注浆效果的检查方法通常有三种:

(1)分析法:分析注浆过程,查看每个孔的注浆压力、注浆量是否达到设计要求;注浆过程中漏浆、跑浆是否严重,从而以浆液注入量估算注浆扩散半径,分析是否与设计相符。

(2)检查孔法:用地质钻机按设计孔位和角度钻检查孔提取岩芯进行鉴定,同时测定检查孔的吸水量(即钻机漏水量),单孔时应小于1L/(min·m),全段应小于20L/(min·m)。

(3)物探无损检测法:用地质雷达、声波探测仪等物探仪器对注浆前后岩体声速、波速、振幅及衰减系数等进行无损探测来判断注浆效果。

5.10 地表砂浆锚杆

地表砂浆锚杆是对地层预加固的一种方法,它适用于浅埋、洞口地段和某些偏压地段。施工工艺及施工要点参照本章第5.3节锚杆执行。

5.11 地表注浆

地表注浆是对于隧道埋深小于50m,围岩稳定性较差,开挖过程中可能引起塌方的不良地质地段,通过从地面向下钻孔注浆,对围岩、地层进行预先加固。其施工工艺及施工要点参照本章第5.9节超前预注浆执行。

5.12 初期支护质量要求

5.12.1 喷混凝土均匀密实,表面平顺光亮,无干斑或流滑现象。施工过程可采用直尺进行平整度检查,表面不平顺需补喷。

5.12.2 项目业主必须委托有资质的专业检测单位对初期支护的混凝土强度、厚度、空洞情况、锚杆施工质量和钢拱架(钢格栅)间距进行全面检测,检测合格并经项目业主分管领导签字后方可进行下道工序。对检查不合格的项目,施工单位必须进行返工整改,并承担相应的检测费用。检测项目见表5-1及表5-2。

表5-1 隧道锚杆质量检测结果汇总

	序号	桩号及部位	设计长度(m)	检测结果		
				实测长度(m)	注浆饱满度	结论
＊＊ 隧道	1					
	2					
	3					
	合格率			%		

表5-2 隧道初期支护质量检测成果表

测段	桩　　号	探测位置	初支混凝土厚度(cm)			钢支撑情况(m)			背后空洞情况	备注
			最大	最小	设计	数量(榀)	平均间距	设计间距		
1		拱顶								
2										
3										
4		左拱腰								
5										
6										
7		右拱腰								
8										
9										

6 仰拱与铺底

6.1 一般规定

6.1.1 隧道设有仰拱时,应及时安排施工,使支护结构早闭合,改善围岩受力状况、控制围岩变形、保障施工安全。

6.1.2 仰拱顶上的填充层及铺底应在拱墙混凝土及二衬施工前完成,宜保持超前3倍以上衬砌循环作业长度,以利于衬砌台车模筑混凝土施工,铺底与掌子面距离不超过60m。

6.1.3 仰拱宜整断面一次成型,不宜左右半幅分次浇筑。铺底混凝土可半幅浇筑,但接缝应平顺且做好防水处理。

6.1.4 仰拱开挖应严格按已审批开挖方案进行,并结合拱墙施工抓紧进行仰拱初期支护和仰拱模筑混凝土施工,实现支护结构早闭合。

6.1.5 Ⅱ、Ⅲ级围岩地段铺底应全断面一次开挖成型,铺底混凝土应及时进行浇筑,以改善洞内交通状况和施工环境。

6.1.6 仰拱、铺底施工时,应按图纸要求预埋路面下横向盲沟、拱脚纵横向排水管等排水设施,并注意设置与二衬贯通的变形缝。

6.1.7 近洞口段仰拱应尽快封闭成环。

6.1.8 仰拱、铺底施工过程中,应采取措施保证洞内临时交通通畅。可采用搭过梁或栈桥的施工方案,设临时车辆通行平台保证不中断运输。

6.1.9 隧道底部(包括仰拱),超挖在允许范围内应采用与衬砌相同强度等级混凝土浇筑;超挖大于规定时,应按设计要求回填,不得用洞渣随意回填,严禁侵入衬砌断面(或仰拱断面)。

6.1.10 铺底混凝土厚度和强度应满足设计和施工要求,避免在车辆反复行驶后损坏。

6.2 施工工序

仰拱和铺底的施工工序流程分别见图6-1、图6-2。

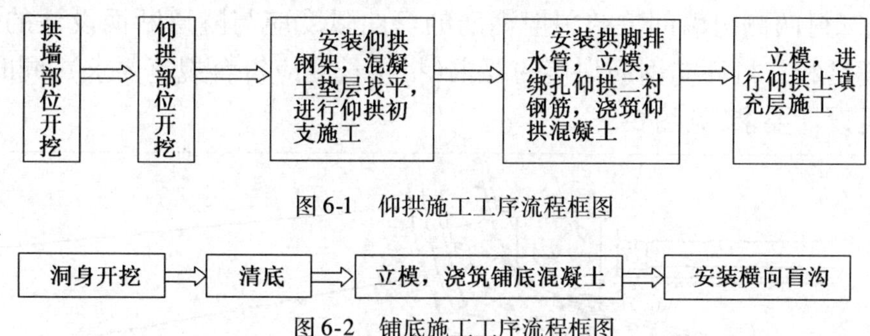

图6-1 仰拱施工工序流程框图

洞身开挖 ⇒ 清底 ⇒ 立模，浇筑铺底混凝土 ⇒ 安装横向盲沟

图6-2 铺底施工工序流程框图

6.3 施工要点

6.3.1 开挖

(1)仰拱土层开挖应以人工配合机械开挖为主。

(2)隧道底两隅与侧墙连接处应平顺开挖,避免引起应力集中。边墙钢架底部杂物应清干净,保证与仰拱钢架连接良好。

(3)仰拱开挖当遇变形较大的膨胀性围岩时,底面与两隅应预先打入锚杆或采取其他加固措施后,再行开挖。

(4)软岩地段特别处于洞口部位或洞内断层破碎带的隧道仰拱开挖必须严格按审批方案进行施工,宜跳格进行开挖。须严防一次开挖范围过大,造成隧道侧墙部位收敛变形过大,影响施工安全。

6.3.2 初期支护

(1)仰拱开挖完成后,应及时进行仰拱初期支护施工。先施作混凝土垫层,再打锚杆、安装仰拱钢架,然后喷射混凝土或采用模筑混凝土施工。

(2)初期支护混凝土强度、厚度、钢架加工安装质量等应符合设计及规范要求。同时项目业主应委托有资质的专业检测单位进行检测。

(3)当仰拱底无初期支护层时,宜先施作混凝土垫层,形成良好的作业面,以利于进行仰拱钢筋安装、立模等作业。

(4)仰拱钢支撑的数量必须满足设计要求,与边墙拱架的牛腿要进行认真焊接,确保焊接质量。

6.3.3 二衬钢筋

(1)仰拱钢筋的制作及安装应符合设计及规范要求。仰拱两侧二衬边墙部位的预埋钢筋伸出长度应满足和二衬环向钢筋焊连要求,且将接头错开,使同一截面的钢筋接头数不大于 50%。

(2)仰拱二衬钢筋的绑扎必须要保证双层钢筋的层距和每层钢筋的间距符合要求,层距的定位一般通过焊接定位钢筋来确定。见附图 10 示例。

(3)仰拱二衬两侧边墙部位的预埋钢筋的弯曲弧度应与隧道断面设计的弧度相符,伸出长度应满足和二衬环向钢筋焊接的要求(搭接长度应符合规范要求),同时钢筋间距应均匀并满足设计要求,见图 6-3。

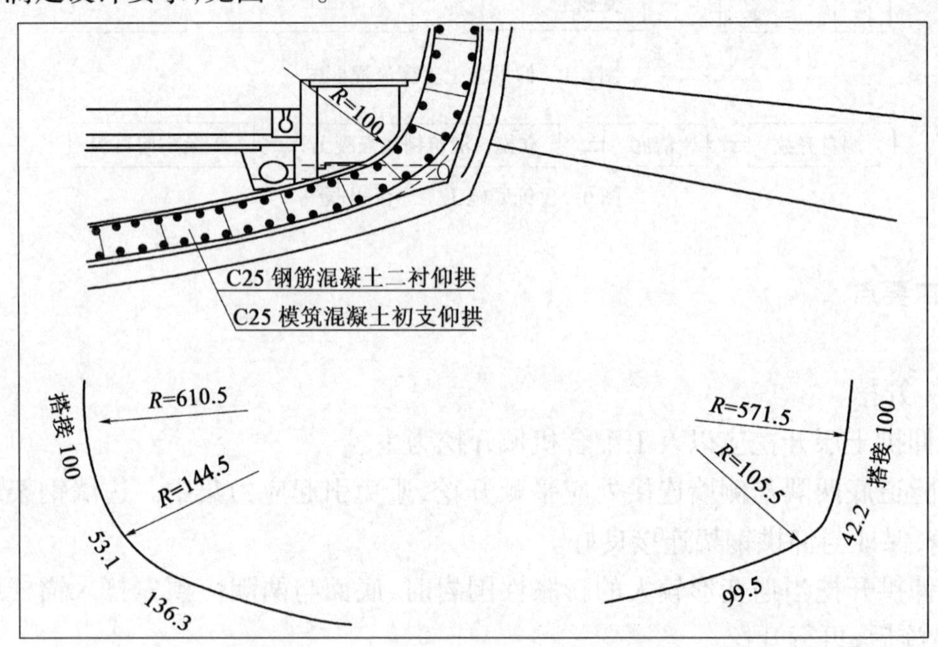

图 6-3 仰拱二衬钢筋在两侧拱墙部位的弯曲弧度(尺寸单位:cm)

6.3.4 混凝土施工

(1)仰拱混凝土应超前拱墙混凝土施工,仰拱和铺底施工前应清除积水、杂物、虚渣等。

(2)仰拱、仰拱上的填充层及铺底混凝土施工应使混凝土配比准确,必须使用模板、机械捣固密实。仰拱混凝土可采用泵送浇筑,应使用拱架模板保证成型尺寸符合设计要求。仰拱和填充层一次立模施工时,应先按设计完成仰拱混凝土施工,适当间歇后,再改变混凝土配比,进行填充层混凝土施工。

(3)仰拱和铺底的施工缝和变形缝应按设计要求进行防水处理,应按照本指南第 7 章的有关规定执行。

(4)仰拱超挖在允许范围内时,应采用与衬砌相同强度等级的混凝土进行浇筑;超挖大于规定时,应按设计及规范要求进行回填,不得用洞渣随意回填,严禁片石侵入仰拱断面。

(5)仰拱填充采用片石混凝土时,片石应距模板 50mm 以上,片石间距应大于粗集料的最大粒径,并应分层摆放,捣固密实。

(6)仰拱以上的混凝土或片石混凝土应在仰拱混凝土达到设计强度的 70% 后施工。

(7)仰拱和铺底混凝土强度达到设计强度 100% 后方可允许车辆通行。

7　防水与排水

7.1　一般规定

7.1.1　隧道施工防排水设施应与营运防排水工程相结合；应按设计做好防水混凝土、防水隔离层、施工缝、变形缝、诱导缝防水，盲沟、排水管（沟）排水通畅；防排水材料应符合国家、行业标准，满足设计要求，并有出厂合格证明，不得使用有毒、污染环境的材料；隧道防排水不得污染环境，隧道排水不得直接排入饮用水源。

7.1.2　隧道施工防排水应遵循“防、排、截、堵相结合，因地制宜，综合治理”的原则进行施工，保证隧道结构物和运营设备的正常使用和行车安全，并对地表水、地下水妥善处理，行成一个完整通畅的防排水系统。

7.1.3　隧道施工前应根据工程地质、水文地质资料制订防排水方案。施工中应按现场施工方法、机具设备等情况，选择不妨碍施工的防排水措施。

7.1.4　洞内出现的地下水，经化验确认对衬砌结构有侵蚀性时，应按图纸要求针对不同侵蚀类型采取相应的抗侵蚀措施。设计无要求时，应及时上报变更处理。

7.1.5　要加强衬砌背后的防排水设施，强调结构自身防水，对可能的疑点进行封堵及引排。衬砌背后防排水设施施工应根据隧道的渗水部位和开挖情况适当选择排水设施位置，并配合衬砌进行施工；隧道侧沟、横向盲沟等排水设施亦应配合衬砌等进行施工。

如图纸无特殊要求，衬砌背后之流水均应排入隧道内侧排水沟。若有压浆时，不得将排水设施堵塞。

7.1.6　防水层应在初期支护基本稳定时施工。软岩地段衬砌和开挖距离较近时，须做好防水板的保护工作；硬岩地段应组织开挖、铺防水层、二衬平行作业，以加快施工进度。

7.1.7　停车带、洞室与正洞连接处的防排水工程应与正洞同时完成，其搭接处应平顺，不得有破损和折皱。

7.1.8 加强成品保护工作,开挖和衬砌作业不得损坏防水层,当发现层面有损坏时应及时修补;防水层在下一阶段施工前的连接部分,应采取措施保护。

7.2 施工工序

隧道防排水包括结构防排水和施工防排水。结构防水与排水施工工艺流程见图7-1,施工防水与排水施工工艺流程见图7-2。

7.3 施工防、排水

7.3.1 一般要求

(1)隧道洞口及辅助坑洞(井)口应及时做好排水系统,完善防排水措施。

(2)隧道进洞前应做好洞顶、洞口、辅助坑道口的地面排水系统,防止地表水的下渗和冲刷。对于覆盖层较薄和渗透性强的地层,地表水应及早处理。

(3)边坡、仰坡坡顶的截水沟应结合永久排水系统在洞口开挖前修建,其出水口应防止顺坡面漫流,洞顶截水沟应与路基边沟顺接组成排水系统,应防止水流冲刷弃渣危害农田和水利设施。

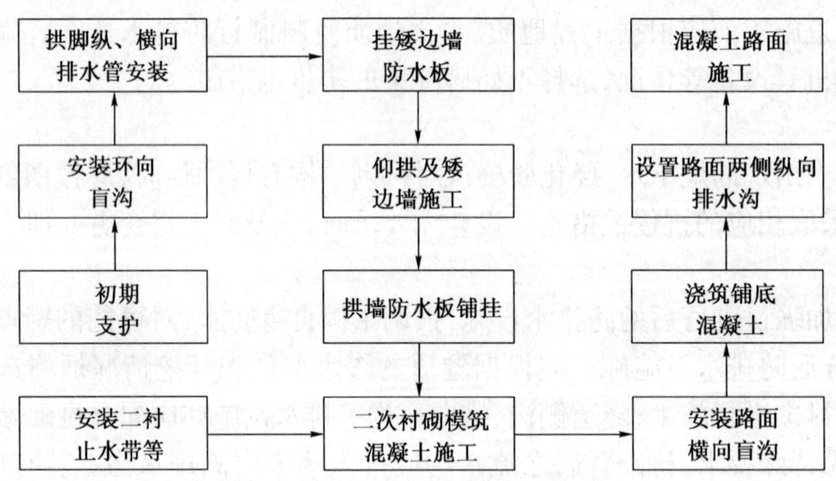

图7-1 结构防水与排水施工工序框图

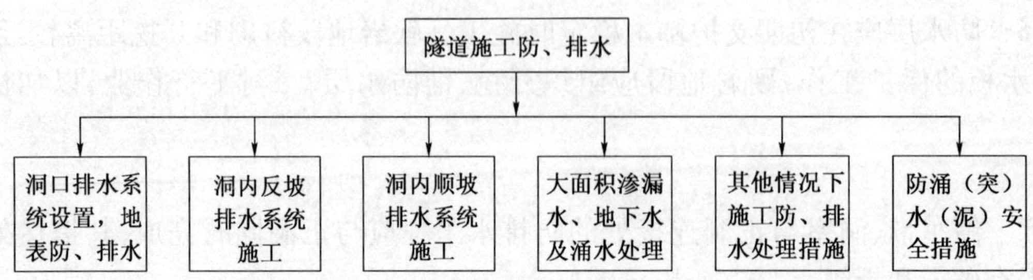

图7-2 施工防水与排水施工工序框图

7.3.2 施工要点

1)洞内顺坡排水

洞内顺坡排水一般采用临时排水沟。临时排水沟断面应满足隧道中渗漏水和施工废水的需要,并经常清理排水设施,防止淤塞,确保水路畅通。水沟位置应远离边墙,宜距边墙基脚不小于1.5m。

在膨胀岩、土质地层、围岩松软地段等特殊或不良地质地段隧道中,排水不宜直接接触围岩,宜根据需要对排水沟进行铺砌或用管槽代替,排水沟中不得有积水。

台阶法施工时,上台阶应在下台阶开挖前架槽(管),将水引排至下台阶排水沟内,横向分幅开挖时应挖横向排水沟将水引至未开挖一侧,严禁漫流浸泡下台阶基坑。

2)洞内反坡排水

对于反坡排水的隧道,可根据距离、坡度、水量和设备等因素布置排水管道,或一次或分段接力将水排出洞外。接力排水时应在掌子面设置临时集水坑,并每隔200m设置集水坑,通过水泵逐级抽排至洞口。

3)洞内水量较大时的处理措施

(1)洞内有大面积渗漏水和大股集中水时,宜集中汇流引排。可采用钻孔集中汇流引排,并将钻孔位置、数量、孔径、深度、方向和渗水量等作详细记录,在确定衬砌拱墙背后排水设施时应考虑上述因素。

(2)在地下水发育的易溶性岩层中施工,为防止水囊、暗河及高压涌水的突然出现,开挖工作面上应布设超前钻孔,并制订防止涌水的安全措施。

(3)明挖基坑和隧道洞口处,应保持地下水位稳定在基底开挖线以下0.5m,必要时采取降水措施。如洞内涌水或地下水位较高时,可采用井点降水法和深井降水法处理。

4)承压水的排放

(1)当预计开挖工作面前方有承压水,而且排放不会影响围岩稳定,或进行注浆前排水降压,可采用超前钻孔或辅助坑道排水。

(2)超前钻孔及辅助坑道应保持10~20m的超前距离,最短亦应超前1~2倍掘进循环长度。

5)地下水的处理

(1)地下水不大时,可引入临时排水沟内排出。

(2)地下水较丰富,无法排出或排水费用昂贵,以及不允许排水的情况下,经技术、经济比选,可采用注浆堵水措施。根据隧道埋深,采用地面预注浆,或开挖工作面预注浆。

6)高压涌水的处理

(1)隧道施工中遇有高压涌水危及施工安全时,宜先采用排水的方法降低地下水的压力,然后用注浆法进行封堵。

(2)封堵涌水注浆应先在周围注浆,切断水源,然后顶水注浆,将涌水堵住。

7)其他情况下的施工防排水措施

(1)隧道施工有平行导坑或横洞时,应充分利用辅助导坑排水,降低正洞水位,使正洞水流通过辅助道坑引出洞外。必要时设置永久排水沟,使坑道封闭后能保持水流畅通。

(2)隧道通过不透水和透水性强的互层时,应根据设计文件和调查资料提供的情况,在可能进入滞水带前20~30m,用深孔钻机钻孔穿入透水层,以利预探和排水。当涌水量很大,用钻孔不能满足排水需要时,应在衬砌完成地段或围岩坚硬稳定地段开挖迂回侧洞,排除滞水带内储水。泄水洞施工前,应参照设计文件提供的水文资料和涌水处理措施确定施工方法。

(3)松散破碎含水地层中,洞内工作面可采用人工降水法;浅埋隧道可采用地表深井降水法减小水压,降低地下水位。当含水量大且地段超长时,可采用超前预注浆堵水。围岩注浆堵水应根据工程地质和水文地质条件,通过试验做出设计,再进行压浆。在施工过程中应修正各项注浆参数,改进工艺操作,提高堵水效果。

8)防涌(突)水(泥)安全措施

(1)隧道施工前应制订涌(突)水(泥)的安全措施。

(2)制订防涌(突)水的安全措施时,应在开挖面布置超前钻孔,预防水囊、暗河、高压涌水等的危害。应对工程地质和水文地质作详细的调查分析,先判明地下水流方向,再确定钻孔位置、方向、数目和钻孔深度,并应采取下列措施。

①非施工人员必须撤出危险区。

②应及时测算水量、水压、流速、含泥量等,备足配套的抽水设备。

③在钻孔前预先埋管设阀,控制排水量,防止承压水冲击及淹没坑道等意外险情发生。

④水平钻孔钻到预期的深度尚未出水时,可会同设计单位进一步进行地质和水文的勘测工作,重新判定地下水情况。

7.4 结构防、排水

7.4.1 一般要求

(1)防排水材料应符合国家、行业标准,满足设计要求,并有出厂合格证明,不得使用有毒、污染环境的材料。

(2)防排水外购材料质量要求:

①为确保隧道运营期间有良好的防水效果,所有在建高速公路隧道防水卷材不得使用复合片,要求采用均质片+无纺土工布的防水层结构形式或者直接采用点粘片。

②均质片、点粘片的母材厚度(不包含无纺土工布)不低于1.2mm;无纺土工布规格不低于300g/m^2。

③对第一次进场的防水卷材,厂家必须提供合格的形式检验证书。采用均质片或点粘片的防水板性能必须符合GB 18173.1—2006标准,无纺土工布性能必须符合GB/T 17638—1998标准。

④防水板宜选用高分子材料,一般幅宽为2~4m,耐刺穿性好、柔性好、耐久性好。

⑤由于隧道存在基面凹凸不平的特殊性，对隧道防水卷材的指标要求高于其他工程，各项目业主在选材时应优先选择物理性能指标高的防水卷材。应具有耐老化、耐细菌腐蚀、有足够强度及延伸率、易操作、易焊接且焊接时无毒气的特点。

⑥防水板、土工布、止水带、塑料排水盲沟、PVC 排水管等特殊材料应由项目业主统一现场抽检，执行“盲样”送检的制度。送检的检验项目应至少包括：规格尺寸、外观质量、常温拉伸强度、常温扯断伸长率、撕裂强度、低温弯折、不透水性能。

7.4.2 施工要点

1）衬砌背后防排水

（1）衬砌背后防排水设施有纵、横、环向盲管，中心排水管（沟）等；应配合衬砌进行施工，施工时既要防止因漏水而造成浆液流失，还要注意灌筑混凝土或压浆时，浆液不得侵入沟管内，确保预埋的透水盲沟不被堵塞；并注意排水孔道的连接，以形成一个有机、通畅的排水系统。

（2）排水盲管的材质、直径、透水孔的规格、间距应符合设计及有关标准规范的规定；在地下水较大的地段应适当加密；环向排水盲管应紧贴支护表面或渗水岩壁安设，排水盲管布置应圆顺，不得起伏不平。

（3）排水管系统应按设计连通形成完整的排水系统。管路连接宜采用变径三通方式，连接牢固、畅通，安装坡度符合设计要求。纵向排水管与三通接头连接后，要用土工布进行包裹。要做好纵向排水管的高程控制，确保排水通畅。见附图 11 示例。

（4）拱脚的横向排水沟要能够及时有效地将二衬背后的水排入边沟，施工过程要经常检查，以确保整个排水系统的通畅。见附图 12 示例。

（5）中心排水管（沟）基础的总体坡度、段落坡度、单管坡度应协调一致，并符合设计要求，不得高低起伏，应和仰拱、铺底同步施工。中心排水管（沟）埋设好后，应进行通水试验，发现积水、漏水应及时处理。

2）防水板铺设

（1）防水板施工工艺流程图见图 7-3。

（2）防水板铺设应超前二衬施工 1～2 个衬砌段，形成铺挂段→检验段→二衬施工段，流水作业。

（3）防水板施工前，应复核中线位置和高程，检查断面尺寸，保证衬砌施工后的衬砌厚度和净空满足规范和设计要求。防水板铺挂前应进行的基面检查及处理的主要内容包括：

①初期支护表面应平整，无空鼓、裂缝、松酥，对于初支表面外露的锚杆头、钢筋网头等坚硬物应采用电焊或氧焊齐根切除，并用 1∶2水泥砂浆抹平，以防止顶破排水板。

②对局部凹凸部分，应修凿、喷补，使其表面平顺，对超挖较大的部位必须挂网喷锚。

③基面明水应提前设盲管引排，对于洞顶的大面积渗水，可用防水板配合盲管集中引排到临时排水边沟。见附图 13 示例。

④初期支护表面平整度应满足拱脚 $D/L \leqslant 1/6$，拱顶 $D/L \leqslant 1/8$（D 为初期支护表面相邻两凸面间的距离，L 为该两凸面之间凹进去的深度）。

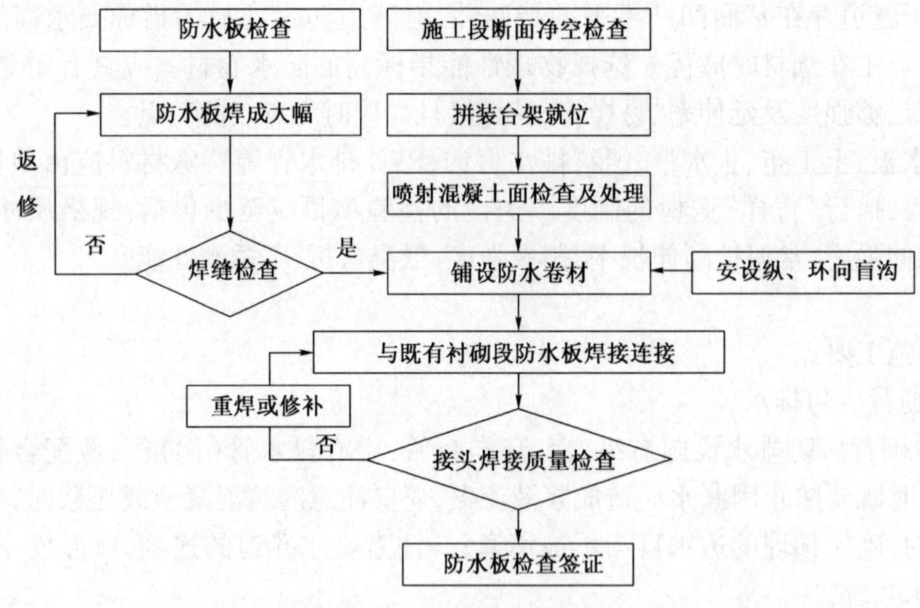

图 7-3　防水板施工工艺流程框图

(4)防水板的挂前拼焊:

①在洞外据拟铺挂面积的大小将 2 ~ 3 幅幅面较窄的成卷防水板下料,然后将其平铺在地面上拼焊成便于运输、铺挂的大幅面防水板,减少洞内作业的焊缝数量,以提高焊接质量。防水板应减少接头。

②防水板拼接采用热合机双焊缝焊接,要求搭接宽度不小于 100mm,控制好热合机的温度和速度,保证焊缝质量。焊缝应严密,单条焊缝的有效焊接宽度不应小于 12.5mm。焊接前待焊接头板面应擦净,并应根据材质通过试验确定焊接温度和速度。焊接时应避免漏焊、虚焊、烤焦或焊穿。

③沿隧道纵向一次铺挂长度宜比本次二次衬砌施工长度多 1.0m 左右,以便与下一循环的防水层相接;同时可使防水层接缝与衬砌混凝土接缝错开 1.0m 左右,有利于防止混凝土施工缝渗漏水。

(5)铺挂防水板:

①防水板宜采用专用台车铺设,专用台车应与模板台车的行走轨道为同一轨道,台车前端应设有检查初期支护内轮廓的钢架。

②为保证防水板铺挂质量,应先进行试铺定位。

③固定点间距的控制:尺量检查,固定点间距拱部 0.5 ~ 0.7m,侧墙 1.0 ~ 1.2m,在凹凸处应适当增加固定点,布置均匀。

松弛率:防水板吊环间距需根据其铺挂松弛率要求来确定,环向松弛率经验值一般取 10%,纵向松弛率一般取 6%。根据初期支护表面平整程度适当调整,以保证灌筑混凝土时板面与喷混凝土面能密贴。见附图 14 示例。

防水板洞内铺挂宜由下至上、环状铺设,将预先焊接在防水板上的吊环用木螺钉固定在膨胀管上。

(6)铺后续接:防水板的“铺后续接”是指前后两幅大幅面防水板之间的连接,应先用热合焊机焊接环向接缝。施工应将待焊的两块板面接头擦净、对齐,保证搭接长度,严格控制焊接温度、焊机行走速度,保持焊机与焊缝良好接触,做到行走平稳。热合焊机焊完,应加强检查,对个别漏焊处用电烙铁补焊;对丁字焊缝因焊接困难、易漏焊或焊缝强度不足,采取用焊胶打补丁的方法补强处理。

(7)焊缝检查:防水板的接头处不得有气泡、折皱及空隙,接头处应牢固,焊缝强度应不低于母材,通过抽样试验检测。

防水板的搭接缝焊缝质量采用“充气法”检查,当压力达到0.25MPa时停止充气,保持压力15min压力下降在10%以内,焊缝质量合格。

(8)成品防护:当衬砌紧跟开挖时,衬砌前端的防水板要采取保护措施,防止爆破飞石砸破防水板;开挖、挂防水板、衬砌三者平行作业时,铺设防水层地段距开挖面不应小于爆破安全距离,并在施工中做好防水板铺挂成形地段防水板的保护。绑扎钢筋时,钢筋头加装保护套;焊接钢筋时在焊接作业与防水板之间增挂防护板。防水层安装后严禁在其上凿眼打孔;振捣混凝土时,振捣棒不得接触防水板。

在浇筑二次衬砌混凝土前,应检查防水层铺设质量和焊接质量,如发现有破损情况,必须进行处理。

防水板需要修补时,修补防水层的补丁不得过小,补丁形状要剪成圆角,不应有长方形、三角形等的尖角。防水层修补后一般用真空检查法检查。

(9)铺设防水层安全保护和记录:铺设防水层地段距开挖工作面不应小于爆破安全距离。二次衬砌时,不得损坏防水层。防水层应按隐蔽工程办理,二次衬砌前应检查质量,并认真填写质量检查记录。

3)施工缝的处置

(1)混凝土应连续浇筑,尽量减少施工缝,拱圈及仰拱不应留纵向施工缝。墙体若有预留孔洞时,施工缝距孔洞边缘不宜小于300mm。

(2)水平施工缝:墙体水平施工缝不应设在剪力和弯矩最大处或铺底与边墙的交接处,宜设置在高出铺底面不小于300mm的墙体上。拱墙结合的水平施工缝,宜设置在拱墙接缝线以下150~300mm处。

水平施工缝在混凝土浇筑前,应将其表面清理干净。涂刷混凝土界面处理剂;或者,先刷不低于结构混凝土强度等级的净浆,再铺25~30mm厚的1:1水泥砂浆,及时浇筑混凝土。

(3)垂直施工缝:垂直施工缝设置宜与变形缝相结合。垂直施工缝施工时,应将其表面浮浆和杂物清除。刷不低于结构混凝土强度等级的净浆或涂混凝土界面处理剂,及时浇筑混凝土。端头模板应支撑牢固,严防漏浆。端头应埋设表面涂有脱模剂的楔形硬木条(或塑料条),形成预留浅槽,其槽应平直,槽宽比止水条宽1~2mm,槽深为止水条厚度的1/2~1/3,将遇水膨胀止水条牢固地安装在预留浅槽内。

(4)应采取有效措施确保止水带位置准确,固定牢固。

(5)根据拱圈、边墙和仰拱等各自不同长度的施工环节,设置施工缝,允许各部位的施工缝互相错开,不必贯通;施工缝应近于水平或垂直,并用模板或其他措施,形成预定的形状,以保证与后续工程紧密连接。施工缝一般不设键槽。

4)变形缝的处置

变形缝应满足密封防水、适应变形、施工方便、检修容易等要求,变形缝的施工应注意:

(1)沉降变形缝的最大允许沉降差值应符合设计规定,设计无规定时,不应大于30mm。当计算沉降差值大于30mm时,应采取特殊措施。

(2)沉降变形缝的宽度宜为20~30mm。伸缩变形缝的宽度宜小于此值。

(3)变形缝处的混凝土结构厚度不应小于300mm。

(4)缝底应设置与嵌缝材料无黏结力的背衬材料或遇水膨胀止水条。

(5)变形缝嵌缝施工时,缝内两侧应平整、清洁、无渗水;缝内应设置与嵌缝材料无黏结力的背衬材料,嵌缝应密实。

(6)变形缝的设置位置应使拱圈、边墙和仰拱在同一里程上贯通。

5) 止水带施工

(1)止水带的接头不得设在结构转角处,并尽可能不设接头。

(2)止水带埋设位置准确,其中间空心圆环应与变形缝的中心线重合;止水带定位时,应使其在界面部位保持平展,防止止水带翻滚、扭结,如发现有扭结不展现象应及时进行调正。在固定止水带和灌筑混凝土过程中应防止止水带偏移,以免单侧缩短,影响止水效果。可采用定位钢筋认真定位。

(3)止水带先施工一侧混凝土时,其端头模板应支撑牢固,严防漏浆。

(4)隧道断面变化处或转角处的阴角应抹成半径不小于50mm的圆弧,以便止水带施工。止水带在隧道断面变化处或转角处应做成弧形,橡胶止水带的转角半径不应小于200mm,钢片止水带不应小于300mm,且转角半径应随止水带的宽度增大而相应加大。

(5)不得在止水带上穿孔打洞固定止水带。在固定止水带和灌筑混凝土过程中应注意保护止水带不被钉子、钢筋和石子等刺破。如发现有刺破、割裂现象,必须及时修补。

(6)宜加强混凝土振捣控制,排除止水带底部气泡和空隙,使止水带和混凝土紧密结合,且应注意防止振捣造成止水带偏位或破损。

(7)止水带的长度应根据施工需要事先向生产厂家定制,尽量避免接头。如确需接头,应连接牢固,接头宜设置在距铺底面不小于300mm的边墙上。根据止水带材质和止水部位不同可采用不同的接头方法。橡胶止水带的接头形式应采用搭接或复合接;塑料止水带的接头形式应采用搭接或对接。止水带的搭接宽度不应小于100mm,冷粘或焊接的缝宽不应小于50mm。

8　二次衬砌

8.1　一般规定

8.1.1　为保证衬砌工程质量,隧道一般地段(含洞身、明洞、加宽段)的二衬施工必须采用全断面模板台车和泵送作业。

8.1.2　执行隧道二衬台车准入制度。

8.1.3　隧道洞口段二衬必须及时施作,掘进超过50m的,必须停止开挖进行二衬施工;洞口及洞内软岩段二次衬砌尽早施工,其他段落根据监控量测结果适时施工,一般情况下二衬距掌子面距离不超过200m;二衬作业面距铺底作业面距离一般为30m,距矮边墙作业面距离一般为50m,以保证正常二衬施工进度。

8.1.4　二衬施工前须对初期支护断面进行激光测量,对不符合要求的应进行处理。

8.1.5　洞内出现的地下水,经化验确认对衬砌结构有侵蚀性时,应按图纸要求针对不同侵蚀类型采取不同类型的抗侵蚀性混凝土。设计无要求时,应及时上报变更处理。

8.1.6　当围岩级别有变化时,衬砌断面的级别亦应相应变化,但需获得监理工程师批准。围岩较差地段的衬砌,应向围岩较好地段延伸,一般延伸长度为5m。

8.1.7　隧道防排水设施、预埋件及预留洞室模板等的安装质量要符合设计及规范要求。

8.1.8　项目业主要委托有资质的专业检测单位对二衬钢筋、保护层厚度、空洞情况进行检测。对检查不合格的项目,承包人必须进行整改处理。

8.1.9　为确保衬砌不侵入隧道建筑限界,在放样时可将设计的轮廓线适当予以扩大。

8.1.10　对已完成的衬砌地段,应继续观察二衬的稳定性,注意变形、开裂、侵入净空等现象,及时记录。

8.2 施工工序

二次衬砌施工工艺流程见图8-1。

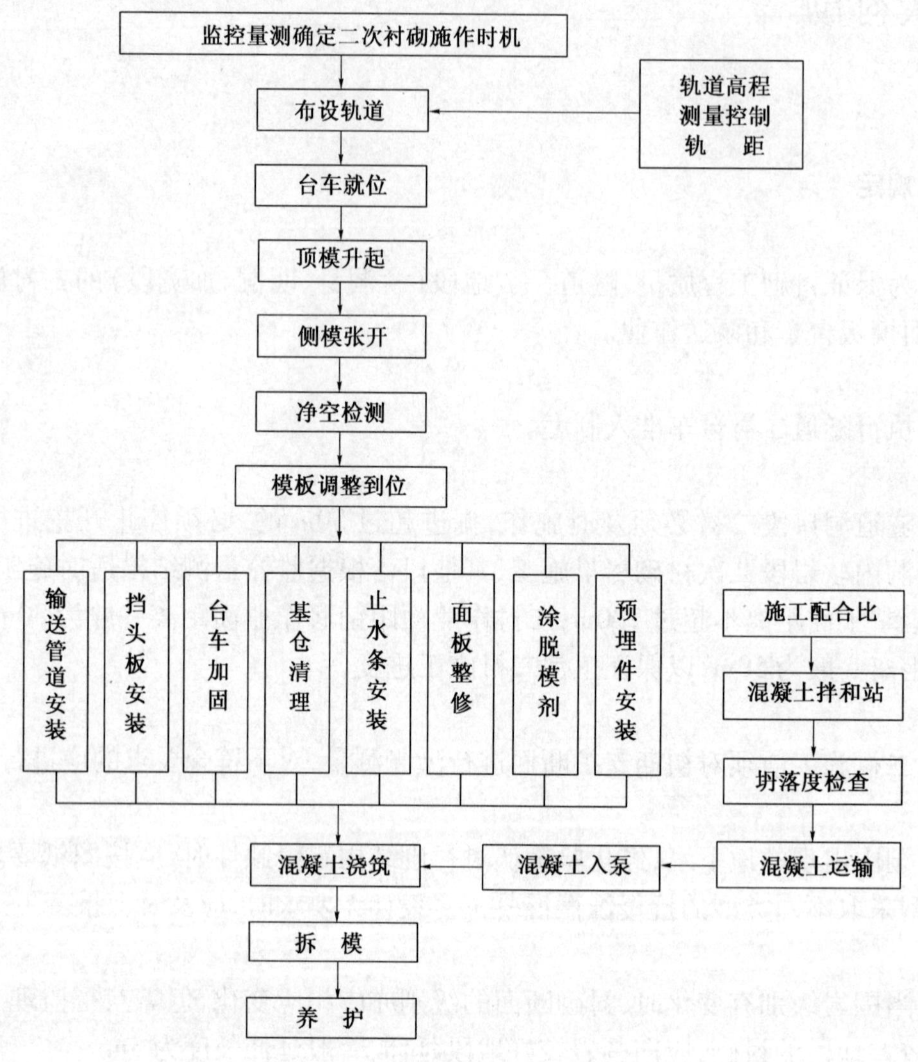

图8-1　二次衬砌施工工艺流程框图

8.3 衬砌模板台车

8.3.1　一般要求

(1)二次衬砌施工(含加宽段)应采用全液压自动行走的整体衬砌台车,衬砌台车应结构尺寸准确,各种伸缩构件、液压系统、电气控制系统运行良好,合理设置各支承机构;应满足自动行走要求,并有闭锁装置,保证定位准确。

(2)二衬台车必须在隧道进洞前进场,连拱隧道、小净距隧道一端必须要有两部二衬台车,以确保左右线开挖、二衬的合理步距,确保结构安全。对加宽段处在Ⅳ、Ⅴ级围岩段落的,应专门配备加宽段整体衬砌台车,以确保加宽段二衬及时施作。

(3)台车整体模板板块由面板、支撑骨架、铰接接头、作业窗等组成,当衬砌断面较大,所承受荷载较大时,支撑骨架应制成桁架结构,并尽量减少板块接缝数量。模板及支架应具有足够的强度、刚度、稳定性和抗上浮能力,能安全的承受所浇筑混凝土的重力、侧压力以及在施工中可能产生的各项荷载。模板不凹凸、支架不偏移、不扭曲,满足多次重复使用不变形。台车设计应便于整体移动、准确就位,台车主要构造参见图 8-2。

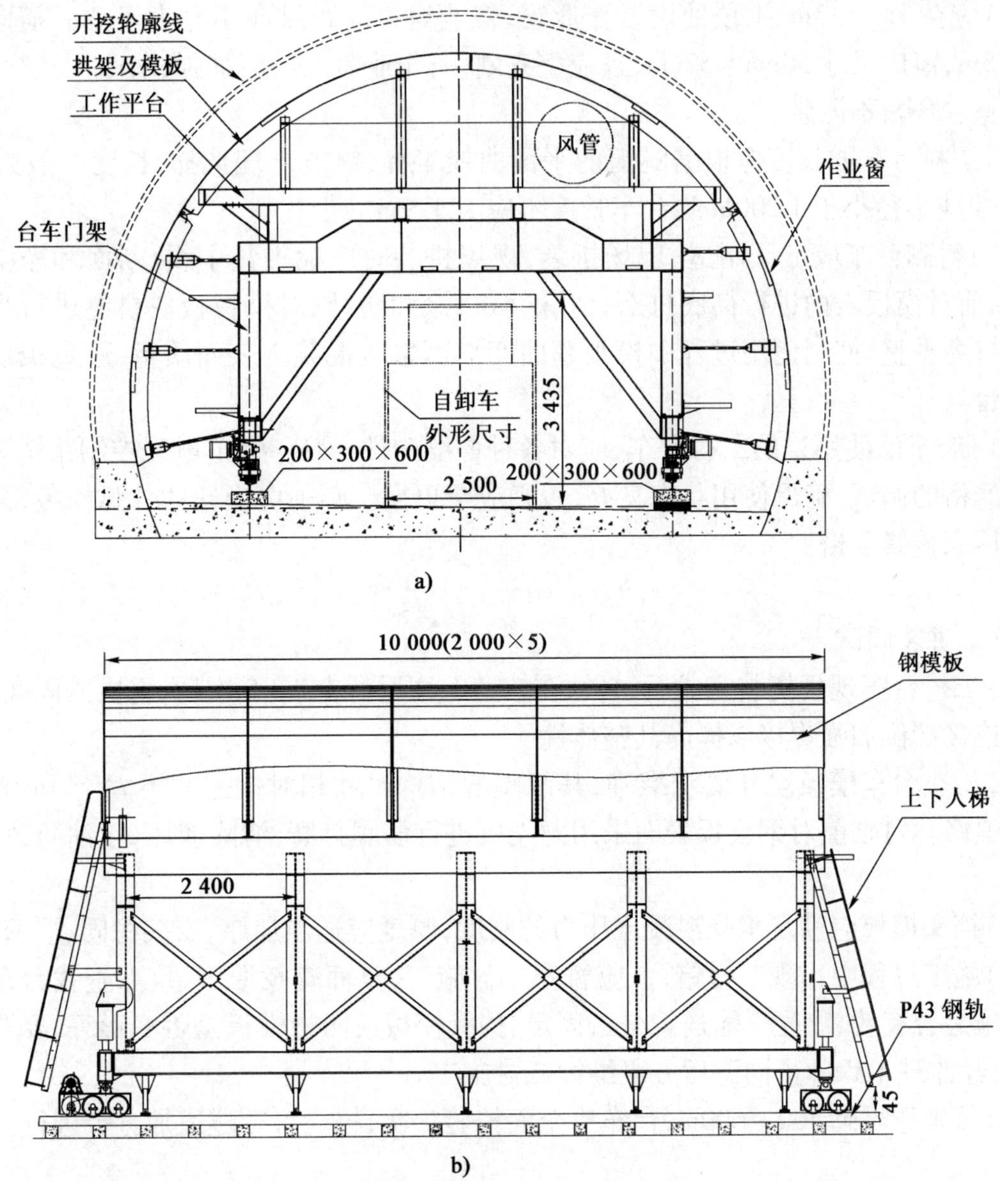

图 8-2　整体钢模衬砌模板台车结构示意图(尺寸单位:mm)

a)二次衬砌模板台车正立面示意图;b)二次衬砌模板台车侧立面示意图

(4)台车模板支撑桁架门下净空应满足隧道衬砌前方施工所需大型设备通行要求;桁架各层平台的高度要满足混凝土施工要求,利于工人进行安管、混凝土捣固等施工作业,必须要有上下行的爬梯,见附图 15。

(5)为保证衬砌净空,模板外径应考虑变形量适当扩大,作为预留沉降量。

(6)两车道二衬台车面板钢板厚应不小于 10mm;三车道二衬台车面板钢板厚应不

小于12mm;四车道的二衬台车必须经过计算,邀请有关专家研究审查后定制。为减少二衬模板间痕迹,外弧模板每块钢板宽度推荐采用2m,但不应小于1.5m,板间接缝按齿口搭接或焊接打磨。

(7)为确保二衬台车具有一定的刚度和强度,推荐两车道台车每延米重量应不低于6.8t,三车道台车每延米重量应不低于8.5t。

(8)应在3m、5.3m、拱顶处设置作业窗,作业窗口间距纵向不宜大于3m,横向不宜大于2.5m,窗口尺寸50cm×50cm,且应整齐划一;作业窗周边应加强,防止周边变形,窗门应平整、严密、不漏浆。

(9)二衬台车的长度应根据隧道的平面曲线半径、纵坡合理选择,长度一般为10~12m,对曲线半径小于1 200m的台车长度不应大于9m。

(10)衬砌台车应工厂制造、现场拼装,现场拼装时应检查其中线、断面和净空尺寸等;衬砌前对模板表面进行彻底打磨,清除锈斑,涂油防锈;对模板板块拼缝进行焊联并将焊缝打磨平整,抑制使用过程中模板翘曲变形而影响混凝土表面质量,避免板块间拼缝处错台。

(11)对于已使用过的二衬台车,应对各种伸缩构件、液压系统、电气控制系统运行状况进行严格的调试,确保使用状态良好,否则应予更换。必须更换新的外弧模板,并经专业模板厂家整修合格。

8.3.2 拼装调试

(1)二衬台车现场拼装完成后,必须在轨道上往返行走3~5次后,再次紧固螺栓,并对部分连接部位加强焊接以提高其整体性。

(2)检查台车模板尺寸要求准确,其两端的结构尺寸相对偏差宜不大于3mm,否则需进行整修。衬砌前对钢模板表面采用抛光机进行彻底打磨,清除锈斑,涂油防锈,见附图16。

(3)挡头模板应满足承受混凝土压力的刚度,厚度应适当加厚,安装稳固、严密。

(4)施工过程中出现二衬错台,应暂停二衬施工,全面查找原因,重点查找台车就位加固措施是否有效、混凝土输送管是否固定、挡头模板或两边模板是否变形等,要及时整修加固,经监理工程师员同意后方可继续二衬施工。

(5)每施作衬砌500~600m,台车应全面校验一次,校验可在隧道加宽带进行。

8.3.3 审批验收

台车的审批验收共分为两阶段,由总监办组织成立专门的审批验收小组,对每座隧道的隧道二衬台车进行审批验收。

第一阶段(二衬台车进场前报批):承包人进场后应立即着手进行二衬台车进场前的准备工作,进场前两个月内向总监办上报拟进场二衬台车的数量、台车长度、外观几何尺寸、新旧程度、面板厚度、每块板的宽度以及每台台车重量等主要台车参数,经总监办批准许可后方可组织进场。

第二阶段(二衬台车验收):二衬台车进场后,由承包人填写验收表,并报总监办,总监办应在7个工作日内依据批复的二衬台车进场许可对承包人进场的二衬台车进行验收;验收合格后,承包人进行二衬台车的拼装调试,调试成功后,报总监办组织验收;若验收发现问题承包人应及时整改,待整改并验收合格后才能移入洞内进行二衬施工。衬砌台车有关要求见表8-1。

表8-1　衬砌台车有关要求

内　容	要　求
衬砌台车长度	一般为10~12m;小于1 200m半径隧道,二衬台车不大于9m
模板外观尺寸	满足设计要求
两端的结构尺寸相对偏差	不大于3mm
梁体模板厚度	两车道不小于10mm,三车道不小于12mm
每块模板宽度	不小于1.5m,推荐为2m
每延米台车重量	两车道不小于6.8t,三车道不小于8.5t
行走机构	行动自如、制动良好,带有液压推杆制动器
台车架、液压、支撑系统	足够的刚度和强度;液压缸采用液压锁锁定,同时采用支承丝杠进行机械锁定
工作窗口	布局合理,封闭平整

8.4　施工要点

8.4.1　二次衬砌钢筋

(1)执行“三个集中”的原则,钢筋集中加工、统一配送。

(2)钢筋安装应满足:

①横向钢筋与纵向钢筋的每个节点均必须进行绑扎或焊接。

②钢筋焊接搭接长度应满足设计及规范要求,受力主筋的搭接应采用焊接,焊接搭接长度及焊缝应满足规范要求。

③相邻主筋搭接位置应错开,错开距离不应小于1 000mm。

④同一受力钢筋的两个搭接距离不应小于1 500mm。

⑤箍筋连接点应在纵横向筋的交叉连接处,必须进行绑扎或焊接。

⑥钢筋其他的连接方式应符合相关规范的规定。

⑦安装钢筋时,钢筋长度、间距、位置、保护层厚度应满足设计要求。

(3)钢筋制作必须按设计轮廓进行大样定位。

(4)为确保二衬钢筋定位准确、钢筋保护层厚度符合要求,需采取以下措施:

①先由测量人员用坐标放样在调平层及拱顶防水层上定出自制台车范围内前后两根钢筋的中心点,确定好法线方向,确保定位钢筋的垂直度及与仰拱预留钢筋连接的准确度。钢筋绑扎的垂直度采用三点吊垂球的方法确定。

②用水准仪测量调平层上定位钢筋中心点高程,推算出该里程处圆心与调平层上中心点的高差,采用自制三角架定出圆心位置(自制三角架如附图17所示)。

③圆心确定后,采用尺量的方法检验定位钢筋的尺寸是否满足设计要求,对不满足要求位置重新进行调整,全部符合要求后固定钢筋。钢筋固定采用自制台车,二衬钢筋间距由钢管焊接的可调整的支撑杆控制,见附图18示例。

④定位钢筋固定好后,根据设计钢筋间距在支撑杆上用粉笔标出环向主筋布设位置,在定位钢筋上标出纵向分布筋安装位置,然后开始绑扎此段范围内钢筋。各钢筋交叉处均应绑扎。

(5)钢筋保护层应全部采用高强砂浆垫块来控制,不得使用塑料垫块,见附图19示例。

(6)要求主筋纵向间距、分布筋环向间距、内外层横向间距、保护层厚度符合设计要求。

8.4.2 矮边墙施工

(1)推荐矮边墙与二衬同时浇筑,提高二衬整体质量。整体浇筑时要求二衬台车下增加矮边墙模板,见附图20示例。

(2)矮边墙顶面高程按台车侧模底部高程确定;施工时按规范预埋连接钢筋或榫石,并对与二衬混凝土接触面进行凿毛,在围岩变化处设置好沉降缝;二衬混凝土浇筑前用水将其表面湿润,清除杂物。边墙模板应采用一次成型的弧形钢模,见附图21示例。

(3)对设计有二衬钢筋的段落,预埋的接地扁铁应与钢筋焊接,无衬砌钢筋的也应尽量与锚杆头进行焊接,以确保接地电阻满足设计要求。

(4)注意按设计布设纵向透水盲管及其与沉砂井的连接管,预留环向软式透水盲管和防水板接头,以及设置预埋件和预留洞室等。

8.4.3 预留洞室和预埋件

预留洞室模板及预埋件在钢筋混凝土衬砌地段,宜固定在钢筋骨架上;在无筋衬砌地段采取在衬砌台车模板上钻孔,用螺栓固定。

预留洞室模板宜采用钢模,承托上部混凝土重量时应加强支撑,确保混凝土成型质量合格。

8.4.4 台车就位

(1)台车模板就位前应仔细检查防水板、排水盲管、衬砌钢筋、预埋件等隐蔽工程并做好记录;台车就位后应检查其中线、高程及断面尺寸等并做好记录。

(2)台车模板定位采用五点定位法,即:以衬砌圆心为原点建立平面坐标系,通过控制顶模中心点、顶模与侧模的铰接点、侧模的底脚点来精确控制台车就位。曲线隧道应考虑内外弧长差引起的左右侧搭接长度的变化,以使弧线圆顺,减少接缝错台。

(3)台车模板应与混凝土有适当的搭接(≥10cm,曲线地段指内侧),撑开就位后检查台车各节点连接是否牢固,有无错动移位情况,模板是否翘曲或扭动,位置是否准确,保证衬砌净空。为避免在浇筑边墙混凝土时台车上浮，还须在台车顶部加设木撑或千斤顶。同时检查工作窗状况是否良好。

(4)衬砌台车必须由经培训过的台车驾驶员专人操作，对控制面板、油路、顶缸等重点部件要加强管理维修。

(5)风水电管路通过衬砌台车时，应按规范办理，并布置整齐；照明应满足混凝土捣固等操作需要；管线台车施工区域内的临时改移，要加强洞内外的联系，班组间密切配合，提高操作人员安全教育，设专人巡查，严防触电及管路伤人事故。

(6)台车作业地段进行吊装作业时，应有专人监护，统一指挥，并设标志，禁止通行。

8.4.5　安装挡头模板、止水带等

(1)台车端部的挡头模板应按衬砌断面制作以保证设计衬砌厚度，并可适当调整以适应其不规则性，其单片宽度不宜小于300mm，厚度不小于30mm。

(2)挡头模板结构应能保证衬砌环接缝榫接，以保证接头处质量，增强其止水功能。

(3)挡头板应定位准确、安装牢固，其与岩壁间隙应嵌堵紧密。

(4)挡头板顶部应留有观察小窗口，以观察封顶混凝土情况。

(5)止水带等安装见本指南第7章防水与排水的相应内容。

8.4.6　配合比设计

1)性能要求

(1)各种原材料及外加剂满足规范要求，满足设计强度要求。

(2)流动性好、坍落度衰减慢、初凝时间相对较长、终凝时间相对较短，以满足泵送混凝土施工要求，减少裂纹出现。

(3)干缩性小，满足抗渗性要求。

(4)水化热低且水化热高峰值发生在混凝土达到一定强度之后，以承受由于水化热产生的温度应力。

(5)混凝土有早强性能，特别是拱肩部位，以利于模板早拆，满足衬砌快速施工需要。

2)配合比设计要求

(1)配合比根据原材料质量及设计混凝土所要求的强度、耐久性、抗渗指标、施工和易性、凝固时间、运输灌注和环境温度条件通过试配确定，推荐采用“双掺”技术。

(2)混凝土坍落度一般控制在13～18cm，根据混凝土灌注部位不同，墙部混凝土坍落度宜小，拱部混凝土坍落度宜大。在保证混凝土可泵性的情况下，宜尽量减小混凝土的坍落度，并提高混凝土的和易性、保水性，避免混凝土泌水。

(3)配合比设计时应采取措施以使反弧部位混凝土减少气泡、麻面等质量通病的发生。

8.4.7 混凝土施工

(1)二衬混凝土灌注前应重点检查以下几点:

①复查台车模板及中心高程是否符合要求,仓内尺寸是否符合要求。

②台车及挡头模板安装定位是否牢靠。

③衬砌钢筋、防水板、排水盲管、止水带等安装是否符合设计及规范要求。

④模板接缝是否填塞紧密。

⑤脱模剂是否涂刷均匀。

⑥基仓清理是否干净,施工缝是否经过适当处理。

⑦预埋件、预留洞室等位置是否符合要求。

⑧输送泵接头是否密闭,机械运转是否正常。

⑨输送管道布置是否合理,接头是否可靠。

(2)混凝土浇筑采用泵送浇筑工艺,机械振捣密实。

①混凝土拌制前,应测定砂石含水率并根据测试结果调整材料用量,提出施工配合比。

拌制混凝土拌和物时,水泥质量偏差不得超过±1%,集料质量偏差不得超过±2%,水及外加剂质量偏差不得超过±1%。

②混凝土浇筑前,必须将基底石渣、污物和基坑内积水排除干净,严禁向有积水的基坑内倾倒混凝土干拌和物。

③泵送混凝土前应采用按设计配合比拌制的水泥浆或按集料减半配制的混凝土润滑管道。

④混凝土应采用混凝土搅拌运输车运输,确保在运送过程中不产生离析、撒落及混入杂物。

⑤混凝土由下至上分层、左右交替、从两侧向拱顶对称浇筑。每层浇筑高度、次序、方向应根据搅拌能力、运输距离、灌筑速度、洞内气温和振捣等因素确定。为防止浇筑时两侧侧压力偏差过大造成台车移位,两侧混凝土浇筑面高差宜控制在50cm以内,同时应合理控制混凝土浇筑速度。

⑥浇筑混凝土应尽可能直接入仓,混凝土输送管端部应设接软管控制管口与浇筑面的垂距,混凝土不得直冲防水板板面流至浇筑位置,垂距应控制在1.2m以内,以防混凝土离析。

⑦施工过程中,输送泵应连续运转,泵送连续灌筑,宜避免停歇造成“冷缝”。如因故中断,其中断时间应小于前层混凝土的初凝时间或能重塑时间,当超过允许时间时,应按施工缝处理:应在初凝以前将接缝处的混凝土振实,并使缝面具有合理、均匀稳定的坡度。凡是未振实又超过该水泥初凝时间的混凝土,应予清除。

⑧当混凝土浇至作业窗下50cm,作业窗关闭前,应将窗口附近的混凝土浆液残渣及其他杂物清理干净,涂刷脱模剂,将其关紧,防止窗口部位混凝土表面出现凹凸不平的补丁甚至漏浆现象。

⑨隧道衬砌起拱线以下的反弧部位是混凝土浇筑作业的难点部位，应对混凝土性能、坍落度及捣固方法进行有效控制，以减少反弧段气泡，有效改善衬砌混凝土表面质量。

⑩混凝土的入模温度，在冬季施工时不应低于5℃，夏季施工时不应高于32℃。

⑪混凝土应采用振动器振捣密实，并应采取确实可靠的措施确保混凝土密实。振捣时，不得使模板、钢筋、防排水设施、预埋件等移位。

⑫封顶采用顶模中心封顶器接输送管，逐渐压注混凝土封顶。当挡头板上观察孔有浆溢出，即标志封顶完成。

⑬拱部混凝土衬砌浇筑时，应在拱顶预留注浆孔，注浆孔间距应不大于3m，且每模板台车范围内的预留孔应不少于4个。

拱顶注浆填充，宜在衬砌混凝土强度达到100%后进行，注入砂浆的强度等级应满足设计要求，注浆压力应控制在0.1MPa以内。

⑭每次混凝土浇筑完成后，应及时清理场地的废弃混凝土及垃圾，保持施工现场整洁。

8.4.8 拆模

按施工规范采用最后一盘封顶混凝土试件达到的强度来控制。不承受外荷载的拱、墙，混凝土强度应达到5MPa或在拆模时混凝土表面和棱角不被损坏并能承受自重时拆模；当衬砌施作时间提前，拱、墙承受有围岩压力及封顶和封口的混凝土强度应满足设计要求，一般应在混凝土强度达到设计强度70%以上。

8.4.9 养生

应配备养护喷管，在拆模前冲洗模板外表面，拆模后用高压水喷淋混凝土表面，以降低水化热，见附图22示例。在寒冷地区，应做好衬砌的防寒保温工作。

养生时间要求：洞口100m养护期不少于14d，洞身养护不少于7d，对已贯通的隧道二衬养护期不少于14d。

8.4.10 缺陷处理

拆模后，若发现缺陷，不得擅自修补，经监理工程师批准后方可处理。

(1)气泡：采用白水泥和普通水泥按衬砌表面颜色对比试验确定的比例掺拌后，局部填补抹平。

(2)环接缝处理：采用弧度尺画线，切割机切缝，缝深约2cm，不整齐处进行局部修凿或经砂轮机打磨后，用高强度等级水泥砂浆修饰，用钢镘刀抹平，使施工缝圆顺整齐。

(3)对于表面颜色不一致的采用砂纸反复擦拭数次。

(4)预留洞室周边还应先行清理干净，然后喷水湿润，采用高强度等级、与二衬颜色相统一的砂浆，抹平压光。

8.4.11 紧急停车带、车行横洞及人行横洞

1)紧急停车带

(1)紧急停车带以及与洞身衬砌相连接段的开挖与衬砌,应制订专门的施工方法和程序。

(2)紧急停车带应布置在同一级别围岩地层中。开挖过程中,若发现不在同一级别围岩时,应上报处理。

(3)紧急停车带衬砌两端与洞身衬砌以喇叭口形式连接,应圆顺平整。

2)车行、人行横洞

(1)应按图纸所示位置与正洞同时进行开挖与衬砌。

(2)交叉段衬砌结构构造,应制订专门的施工方法和程序。

(3)对车行横洞、人行横洞等特殊洞室,宜采用移动式模架和拼装模板施工。

边墙基础应与边墙一次浇筑完成,分次浇筑时应处理好接缝。

拱、墙模板拱架的间距,应根据衬砌地段的围岩情况、隧道宽度、衬砌厚度及模板长度确定。

架设拱、墙支架和模板安装时,应位置准确,连接牢固,严防移位。围岩压力较大时,拱架、墙架应增设支撑或缩小间距。

移动式模架或拼装模板重复使用时,应注意检查,如有变形应及时修整。

在拱架外缘应采用径向支撑与围岩顶紧,以防混凝土浇筑时拱架变形、移位。

拱架、支架应于隧道中线垂直方向架设。拱架的螺栓、拉杆、斜撑等应安装齐全。拱架(包括模板)高程应预留沉落量。施工中应随时测量、调整。

(4)交叉段衬砌混凝土应连续浇筑,不得中断。交叉段的钢筋应相互连接良好,绑扎牢固使之成为整体。

8.5 质量要求

8.5.1 外观质量

(1)达到“六无”要求(无错台、无漏浆、无冷缝、无气泡、无色差、无渗漏)。

(2)结构轮廓线条直顺美观,无跑模、露筋现象,混凝土颜色均匀一致。

(3)施工缝平顺,节段接缝处错台小于10mm,表面无渗水印迹。

(4)混凝土表面密实,每延米的隧道面积中,蜂窝麻面和气泡面积不超过0.5%,深度不超过10mm。

(5)混凝土无因施工养护不当产生裂缝。

8.5.2 二衬质量检测

项目业主必须委托有资质的专业检测单位对二衬钢筋、仰拱进行检测。对检查不合格的项目,施工单位必须进行返工整改,并承担相应的检测费用。二次衬砌检测项目见

表8-2所示。

表8-2　隧道二衬质量检测结果表

测段	桩号	探测位置	二衬钢筋		二衬混凝土厚度(cm)			背后空洞情况	备注
			实测	设计	最大	最小	设计值		
1		拱顶							
2									
3									
4		左拱腰							
5									
6									
7		右拱腰							
8									
9									

8.5.3　预留洞室质量

预留洞室尺寸要符合设计,棱角整齐,外观质量好。

8.5.4　拱顶预留接线盒质量

拱顶预留接线盒的位置要准确,电缆钢管要安放在两层钢筋的中间,其平面线形要与隧道的线形相一致。

9 路面及附属工程

9.1 路面

9.1.1 一般要求

(1)隧道路面施工宜在排水系统施工完成后进行,施工过程应确保排水设施完好,排水通畅。隧道洞外转向车道水泥混凝土路面应和洞内统筹安排施工,一气呵成。

(2)由于水泥混凝土路面的抗折强度要求高,对碎石的强度和洁净度也相应要求较高。因此,必须选择符合隧道路面使用质量要求的碎石,使用前应认真清洗。

(3)混凝土路面正式施工前,应铺筑混凝土试验段以确定施工工艺参数,试验段长度宜为150~200m。水泥混凝土路面侧模必须采用新的槽钢进行施工。

(4)隧道路面施工过程中,隧道内必须保持良好通风,并应设置满足施工需要的照明系统。为保证洞内空气质量,路面施工进洞的各类施工机械与车辆,应选用带净化装置的柴油动力,汽油动力机械不宜进洞。

(5)隧道水泥路面施工应由专业化队伍进行施工,选用满足施工要求的配套机械设备施工,形成流水线作业。

(6)水泥混凝土路面应根据施工组织设计连续浇筑;在浇筑过程中,应使已铺设路面地段的修整、防护、养生等作业,得以正常进行。水泥混凝土路面强度未达到设计要求前,不得开放交通。

(7)路面施工应选用满足施工要求的配套机械设备施工。各种机械设备(如三辊轴机组、振捣机及路面切缝机、刻槽机等机械设备)应提前进场,并在施工前做好安装调试工作。

(8)按照《公路水泥混凝土路面施工技术规范》(JTG F30—2003)要求,在高速公路隧道水泥混凝土路面应推广使用滑模摊铺工艺,对特大隧道和总长超过3 000m的隧道群必须采用滑模施工。

9.1.2 施工工序

隧道路面施工工序见图9-1。

9.1.3 施工要点

1)基底处理

路面施工前应对调平层进行专项报验,其几何尺寸、高程、纵横向坡度等均应符合设计及规范要求,表面应冲洗干净、不积水,且排水系统良好。当调平层产生纵、横向断裂、挤碎、隆起、碾坏或大面积高程偏高而影响路面厚度时,应挖除修复;当调平层只是局部小面积高程偏高影响路面厚度时,应予以凿除处理,确保面板厚度。

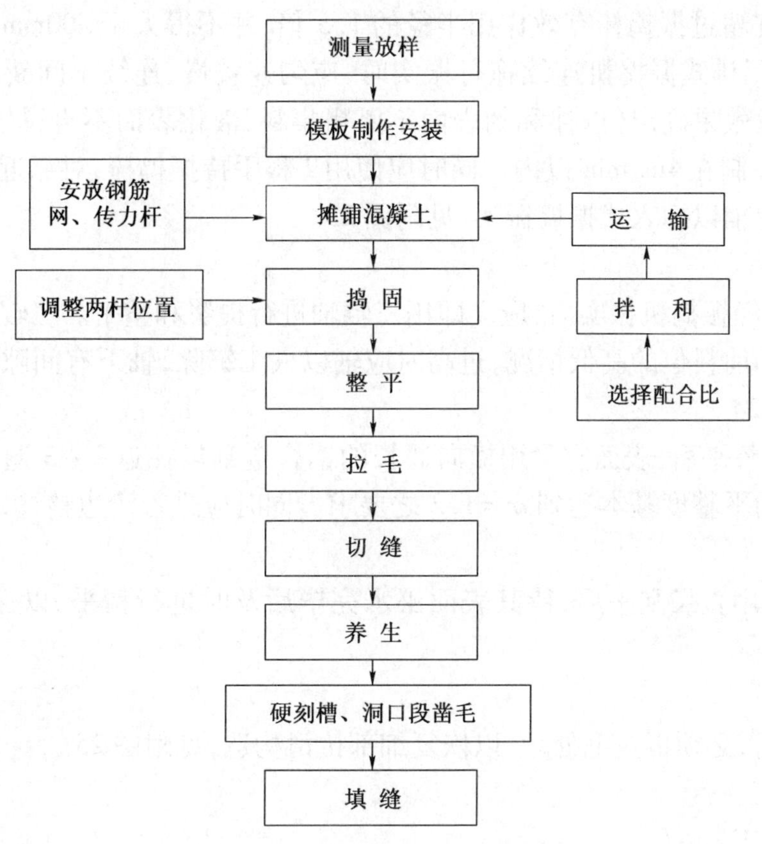

图 9-1 隧道路面施工工艺流程框图

2)模板安装

(1)路面施工模板应采用强度、刚度足够的新槽钢,模板高度应与面板设计厚度一致,模板长度宜为 3 ~ 5m。

(2)模板安装前,应按模板支立边线,将基层与模板的接触带整平,然后沿立模边线将其贴立在基层顶面,对个别不平整处采取支持措施,并用砂浆填塞;模板之间采用螺栓连接,使接头连接紧密;模板侧面每米应埋设 1 处地锚牢固支撑,保证在浇筑混凝土时能经受冲击和振动。

(3)模板应安装稳固,接头紧密平顺,不得有离缝、前后错茬、高低错台等现象。禁止在基层上挖槽,嵌入安装模板。模板底部悬空处用砂浆封堵,模板接头和拉杆插入孔用塑料薄膜等密封,以免漏浆。模板与混凝土的接触表面应涂隔离剂。

(4)模板安装完毕,应对立模的平面位置、高程、横坡、相邻板高差、顶面接茬平整度等安装精确度进行全面检查。

3)混凝土摊铺

(1)混凝土摊铺前,基层表面应清扫干净,并应洒水湿润,但不得积水。

(2)应由专人指挥车辆均匀卸料。布料应与摊铺速度相适应,摊铺厚度应考虑振实预留高度(数据由铺筑混凝土试验段确定)。

4)混凝土振捣

布料长度大于10m时,可开始振捣作业。当采用密排振捣棒组间歇插入振实时,每次移动距离不宜超过振捣棒有效作用半径的1.5倍,并不得大于500mm,振捣时间宜为15~30s。当采用排式振捣机连续拖行振实时,应匀速缓慢、连续不间断地振捣行进,作业速度应视作业效果确定(以拌和物表面不露粗集料,液化表面不再冒气泡并泛出水泥浆为准),但宜控制在4m/min以内。同时应使用2根手持振捣棒,对靠近模板、钢筋位置等不易振实部位辅以插入式振捣振实,见附图23。

5)整平

(1)混凝土经振捣机振实后,应立即用三辊轴进行提浆和整平。三辊轴滚压整平时,应有专人处理轴前料位的高低情况,过高时应辅以人工铲除,轴下有间隙时,应使用混凝土找补,见附图24。

(2)三辊轴整平后,表面宜采用横向通长的铝合金刮尺往返2~3遍进行精确刮平,使混凝土表面的平整度基本达到$\sigma=1.2$之要求。同时应进行清边整缝,清除黏浆,修补缺边、掉角。

(3)混凝土用直尺刮平后,待其表面泌水完毕后及时进行精平,以保证路面表面平整度。

6)拉毛

精平完成后,必须再拉毛处理,以恢复细部抗滑构造,见附图25。

7)接缝施工

(1)纵缝施工:

①为便于水泥混凝土路面标线设置,隧道路面纵缝应设置在中心线向左10cm。

②在面板振实过程中,应随即安装纵缝拉杆。为使拉杆安装牢固、水平、居中并与接缝垂直,应用手持振动棒边振捣边调整拉杆,使之符合要求。

③横向面板连接摊铺前,若有发现因跑模而引起纵向施工缝不顺直的,应弹线用切割机进行切割顺直;对模板底部漏浆混凝土也应凿除清理;侧边拉杆应校正扳直,若发现拉杆松脱或漏插,应钻孔重新植入。

④横向面板连接摊铺时,应在纵向施工缝上半部涂满沥青,然后硬切缝并填缝。

(2)横向缩缝施工:

①路面横向缩缝一般有两种,一种为不设传力杆假缝型,一种为假缝加传力杆型,均应采用切缝法施工。有传力杆缩缝的切缝深度应为1/3~1/4板厚,最浅不得小于70mm;无传力杆缩缝的切缝深度为1/4~1/5板厚,最浅不得小于60mm。

②缩缝传力杆的施工方法应采用前置钢筋支架法,钢筋支架应具有足够的刚度,传力杆应准确定位,摊铺之前应在基层表面放样,并用钢钎锚固。宜使用手持振捣棒先振实传力杆高度以下的混凝土,然后再摊铺上层混凝土。传力杆无防黏涂层一侧应焊接,有涂料一侧应绑扎。

(3)横向施工缝施工:

每天摊铺结束或摊铺中断时间超过30min时,应设置横向施工缝,其位置宜与胀缝或缩缝重合。横向施工缝在缩缝处采用平缝加传力杆,施工缝传力施工方法同缩缝传力杆。在胀缝处其构造与胀缝相同。

(4)胀缝设置与施工:

隧道进出口应按要求设置胀缝,洞内需要设置胀缝时,应结合洞内衬砌沉降缝设置。

胀缝应采用前置钢筋支架法施工。前置法施工,应预先加工、安装和固定胀缝钢筋支架,并在使用手持振捣棒振实胀缝板两侧的混凝土后再摊铺。宜在混凝土未硬化时,剔除胀缝板上部混凝土,嵌入(20~25)mm×20 mm的木条,整平表面。胀缝板应连续贯通整个路面板宽度。

(5)灌缝:

混凝土面板养生期满后,应及时灌缝,灌缝前应先采用切缝机清除接缝中的杂物,再使用压力水和压力空气彻底清除接缝中的尘土及其他污染物,确保缝壁及内部清洁、干燥。

根据设计图纸要求,接缝填缝料必须采用橡胶沥青类,胀缝接缝板采用沥青纤维类或橡胶泡沫板,其各项指标必须符合规范要求。填缝必须饱满、均匀、厚度一致并连续贯通,填缝料不得缺失、开裂和渗水。

8)抗滑构造施工

路面混凝土抗压强度达到40%后即可开始硬刻槽,并宜在两周内完成。刻槽深度应为2~4mm,宽度3~5mm,槽间距15~25mm。硬刻槽后应随即将路面冲洗干净,并恢复路面的养生,见附图26。

9)养生

一般在混凝土路面拉毛2h、表面具有一定强度后立即覆盖土工布进行保湿养生,一般保湿养生天数宜为14~21d,高温天气不宜少于14d,低温天气不宜少于21d。

养生期间,禁止车辆和人员在其上行走。

9.2 设备洞、横通道及预留洞室

9.2.1 消防洞、设备洞、车行或人行横通道及其他各类洞室设置应满足设计要求,当原定位置地质条件不良时,承包人应会同监理、设计及建设单位根据实际情况调整。

9.2.2 隧道边墙内的各类洞室以及消防洞、设备洞和横通道等与正洞连接地段的开挖,宜在正洞掘进至其位置时,将该处一次开挖成形。

9.2.3 各类洞室及横通道与正洞连接地段,支护应按设计予以加强。

9.2.4 各类洞室及横通道初期支护宜采用锚喷支护,必要时增设钢架支撑。支护应紧跟开挖。

9.2.5 设备洞、横通道及其他各类洞室的永久性防、排水工程,应与正洞一次同时完成。各类洞室及横通道与正洞连接的折角处,防水层应根据铺设面的形状平顺铺设,不得出现空白。洞室不得设在衬砌断面变化及各种衬砌接缝处。

9.2.6 设备横洞、横通道、预留洞室等二次衬砌施工应符合下列规定:

(1)设备洞、横通道与正洞连接处的钢筋应互相连接可靠,绑扎牢固。该处的衬砌应与正洞一次同时完成。

(2)复查防排水工程的质量,防排水工程符合设计要求后,方可进行二次衬砌施工。

(3)衬砌中各类预埋管件、预留孔、槽及边墙内的各类洞室应按设计位置定位;宜尽早落实各种附属设施之间以及他们与排水系统之间有无冲突,如有冲突,应会同有关方面尽早解决。模板架设时应将经过防腐与防锈处理后的预埋管件绑扎牢固,留出各类孔、槽及边墙内的各类洞室位置。灌筑混凝土时应确保各类预埋管件、预留孔槽不产生位移。

9.3 水沟、电缆沟

9.3.1 水沟、电缆槽开挖应与边墙基础开挖同时进行,不得在边墙浇筑后再爆破开挖。

9.3.2 电缆槽壁与边墙应连接牢固,必要时可加设短钢筋。

9.3.3 水沟可采用预制或现浇,采用预制边沟安装时应保证边沟接头紧密、不渗漏,与相邻路面接缝平整。

9.3.4 水沟应与衬砌排水、路面排水的管路连通,保持顺畅。

9.3.5 电缆槽盖板应平顺、整齐、无翘曲;盖板铺设应平稳,盖板两端与沟壁的缝隙应用砂浆填平,不得晃动或吊空;盖板规格应统一,可以互换。

9.3.6 如在施作矮边墙时未一次成型电缆沟侧墙,施工电缆沟侧墙前应凿毛,并配置连接钢筋和水平钢筋,见附图 27。

9.3.7 电缆沟靠路面一侧应滞后路面施工,以免影响路面机械摊铺。

9.4 蓄水池

9.4.1 蓄水池混凝土的浇筑应做到外光内实,无渗漏,并选择在地基坚固处。

9.4.2 在混凝土达到设计强度后,应进行注水试验。

9.4.3 设置避雷设备时,应进行接地电阻试验,其冲击接地电阻应符合设计要求。

9.5 预埋件

9.5.1 通风机的机座与基础应按设计要求施工。对于通风机底盘与机座相连的地脚螺栓,应按设计要求的风机底盘螺栓孔布置预留灌注孔眼。螺栓埋设时,灌浆应密实,螺栓应与机座面垂直。

9.5.2 水泵基础应稳固可靠,并按设计要求埋设水泵地脚螺栓或预留孔位。

9.5.3 安装工程所用各种预埋件应按设计进行防锈蚀处理。

9.5.4 预埋钢管管口应打磨平整,管内穿 5 号铁丝,并在二衬混凝土浇筑后进行检查、试通。

10 超前地质预报与监控量测

10.1 一般规定

10.1.1 超前地质预报与监控量测执行“第三方监测”制度。项目业主应在工程开工前委托有资质单位开展“第三方监测”工作,宜进行公开招标。对地质条件复杂、特长隧道以及在洞口段和地质构造带等典型段落应同时委托进行超前地质预报工作。

10.1.2 监测内容

1)隧道监控量测项目

(1)隧道结构裂缝及渗漏水;(2)地表沉降,周围建筑物、构筑物及周围地下管线的垂直位移、水平位移、倾斜等;(3)隧道拱顶下沉和周边位移收敛监测;(4)地下水位;(5)爆破震动监测;(6)现场巡视;(7)其他根据工程特点选择的监测项目。

2)隧道质量检测项目

(1)隧道净空;(2)喷射混凝土厚度、背后空洞位置;(3)衬砌混凝土厚度、衬砌钢筋;(4)锚杆长度、注浆饱满程度;(5)钢拱架间距;(6)仰供。

3)隧道超前预报内容

(1)地质超前预报;(2)隧道围岩涌水量预报;(3)隧道围岩稳定位移与突发失稳时间预报。

10.1.3 监测单位资格条件

(1)独立法人资格、持有有效的营业执照和法人证书。

(2)具备下列条件之一:

①具备公路工程试验检测综合甲级资质的企事业单位。

②具有工程勘察综合类甲级资质的企事业单位。

③具有工程勘察专业类工程测量甲级资质的企事业单位。

(3)近五年内至少完成过一座隧道的检测技术服务工作。

(4)具有一定量的从事过实际监测工作的监测工程师。

(5)经营状况、商业信誉和财务信用良好。

(6)与项目业主、监理单位及承包人不应存在隶属关系或其他利害关系。

10.1.4 “第三方监测”单位应加强队伍建设,提高监测人员技术素质,加强科学监测、信息化传输和反馈控制,提高隧道安全预测预报以及防治技术。

10.1.5 “第三方监测”单位对提供的数据和报告负责;执行“第三方监测”的隧道不能免除《公路隧道施工技术规范》所规定的承包人应承担的责任。

10.2 超前地质预报

10.2.1 一般要求

(1)隧道施工应加强地质工作,以达到地质预测预报的目的。常规地段应实施跟踪地质调查,不良地质地段应进行超前地质预报。地质预测预报应作为必备工序纳入施工组织管理。

(2)跟踪地质调查与超前地质预报,应达到下列主要目的:

①在施工前期地质勘察成果的基础上,进一步查明掌子面前方一定范围内围岩的地质条件,进而预测前方的不良地质以及隐伏的重大地质问题。

②为信息化设计和施工提供可靠依据。

③降低地质灾害发生的风险。

④为编制竣工文件提供可靠的地质资料。

(3)隧道施工前应根据设计文件的地勘资料,编制地质预报方案和实施大纲,并报有关部门审查和批准后执行。

(4)跟踪地质调查与超前地质预报应配备专业技术人员和设备,见附图28。

(5)地质预报、信息化设计和信息化施工是一个有机的整体,各方应协调一致,紧密配合,既为量测作业创造条件,又避免因抢工程进度而忽视量测工作。同时,应做到信息传递顺畅,反馈及时,快速决策处理。

(6)现场照明、通风等作业条件良好,满足正常预报作业需要。

10.2.2 超前地质预报的分级

(1)隧道施工中地质预测、预报方案应根据区域地质资料和设计文件制订,以达到预报准确、节省资源的目的。

(2)根据地质对隧道安全的危害程度,地质灾害分为A、B、C、D四级,其影响因素见表10-1。

表 10-1　地质灾害分级影响因素

地质灾害分级		A	B	C	D
		严重	较严重	一般	轻微
地质复杂程度(含物探异常)	岩溶发育程度	极强,厚层块状灰岩,大型溶洞、暗河发育,岩溶密度每平方公里>15个,最大泉流量>50L/s,钻孔岩溶率>10%	强烈,中厚层灰岩夹白云岩,地表溶洞落水洞密集,地下以管道水为主,岩溶密度每平方公里5~15个,最大泉流量10~50L/s,钻孔岩溶率5%~10%	中等,中薄层灰岩,地表出现溶洞,岩溶密度每平方公里1~5个,最大泉流量5~10L/s,钻孔岩溶率2%~5%	微弱,不纯灰岩与碎屑岩互层,地表地下以溶隙为主,最大泉流量<5L/s,钻孔岩溶率<2%
	涌水涌泥程度	特大突水(涌水量>$1\times10^5m^3/d$)、大型突水(涌水量$1\times10^4\sim1\times10^5m^3/d$)、突泥,高水压	中小型突水(涌水量$1\times10^3\sim1\times10^4m^3/d$)、突泥	小型涌水(涌水量$1\times10^2\sim1\times10^3m^3/d$)、涌泥	涌水量<$1\times10^2m^3/d$,涌突水可能性极小
	断层稳定程度	大型断层破碎带、自稳能力差、富水,可能引起大型失稳坍塌	中型断层带,软弱,中~弱富水,可能引起中型坍塌	中小型断层,弱富水,可能引起小型坍塌	中小型断层,无水,掉块
	地应力影响程度	极高应力,严重岩爆(拉森斯判据<0.083,即岩石点荷载强度与围岩最大切向应力的比值),大变形	高应力,中等岩爆(拉森斯判据0.083~0.15),中~弱变形	弱岩爆(拉森斯判据0.15~0.20),轻微变形	无岩爆(拉森斯判据>0.20),无变形
	瓦斯影响程度	瓦斯突出:瓦斯压力$P\geqslant0.74$MPa,瓦斯放散初速度≥10,煤的坚固性系数$f\leqslant0.5$,煤的破坏类型为Ⅲ类及以上	高瓦斯:全工区的瓦斯涌出量≥$0.5m^3/min$	低瓦斯:全工区的瓦斯涌出量<$0.5m^3/min$	无
地质因素对隧道施工影响程度		危及施工安全可能造成重大安全事故	存在安全隐患	可能存在安全问题	局部可能存在安全问题
诱发环境问题的程度		可能造成重大环境灾害	施工、防治不当,可能诱发一般环境问题	特殊情况下可能出现一般环境问题	无

(3)复杂地质的预测、预报应坚持隧道洞内探测与洞外地质勘探相结合,地质方法与物探方法相结合,辅助导坑与主洞探测相结合,并贯穿于施工全过程。

不同地质灾害级别的预报方式可采用：

①一级预报可用于A级地质灾害。采用地质分析法、地震波反射法、超声波反射法、陆地声纳法、地质雷达法、瞬变电磁法、红外探测法、超前水平钻探法等进行综合预报。

②二级预报可用于B级地质灾害。采用地质分析法、地震波反射法、超声波反射法、陆地声纳法，辅以地质雷达法、瞬变电磁法、红外探测法，必要时进行超前水平钻孔。

③三级预报可用于C级地质灾害。以地质分析法为主，对重要地质(层)界面、断层或物探异常地段宜采用地震波反射法或超声波反射法进行探测，必要时采用红外探测法和超前水平钻孔。

④四级预报可用于D级地质灾害。采用地质分析法。

10.2.3　超前地质预报的内容

(1)地质情况及水文地质：

①地层岩性，如软弱夹层、破碎地层、煤层及特殊岩土。

②地质构造，特别对断层、节理密集带、褶皱构造等。

③不良地质，特别是溶洞、暗河、人为坑洞、放射性、有害气体、高地应力、高地温、高岩温等发育情况。

④地下水，特别是岩溶管道水、富水断层、富水褶皱轴及富水地层地带等。

(2)对照图纸提供的地质资料，预报地质条件变化情况及对事故的影响程度。

(3)预报可能出现的不良地质及其对施工的影响，以及处理措施。

①可能出现的塌方、滑动的部位、形式、规模以及发展趋势，提出处理措施。

②可能出现突然涌水的地点、涌水量大小、地下水泥沙含量及对事故的影响。

③软岩内鼓、边墙掉块地段及对施工的影响。

④岩体突然开裂或原有裂隙逐渐加宽的位置及其危害程度。

⑤对隧道将要穿过不稳定岩层、较大断层作出预报，以便及时改变施工方法，采取应急措施。

⑥隧道附近或穿过瓦斯地段的岩(煤)层中，预报瓦斯影响范围。

(4)位移量测中发现围岩变形速率加快时，应预报对围岩稳定性的影响程度。

(5)浅埋隧道地面出现下沉或裂缝时，预报对隧道稳定和施工的影响程度。

(6)隧道施工中由于措施不当，可能造成围岩失稳，应及时采取改进措施。

10.2.4　超前地质预报分类

根据预报范围的不同，超前地质预报科分为以下三类：

(1)长距离预报：对不良地质及特殊地质情况进行长距离宏观预测预报，预报距离一般在掌子面前方200m以上，并根据揭示情况进行修正。

(2)中距离预报：在长距离预报基础上，采用地震波反射法、超声波反射法、瞬变电磁法、深孔水平钻探等，对掌子面前方30～200m范围内的地质情况进行较详细的预报。

(3)短距离预报：在中长距离预报的基础上，采用红外探测法、瞬变电磁法、地质雷达和超前钻孔,微观地探明掌子面前方30m范围内地下水出露、地层岩性及不良地质情况等。

10.3 监控量测

10.3.1 一般要求

(1)监控量测是新奥法设计理论核心,是施工的重要组成部分。采用复合式衬砌的隧道,必须将现场监控量测项目列入施工组织设计,在施工中认真实施,施工、设计单位必须紧密配合,分析各项量测信息,确认或修正设计参数。

(2)隧道开工前,应根据设计要求,并结合隧道规模、地形地质条件、施工方法、支护类型和参数、工期安排,以及所确定的量测目的等制订施工全过程量测方案。编制内容应包括:量测项目、量测仪器选择、测点布置、量测频率、数据处理、反馈方法,以及组织机构、管理体系等。量测计划应与施工进度计划相适应。

监控量测工作应结合开挖、支护作业的进程,按要求布点和监测,并根据现场实际情况及时调整补充,量测数据应及时分析、处理和反馈。

(3)监控量测是施工工艺流程中的一个重要工序,应贯穿施工的全过程。监控量测应达到下列目的:

①掌握围岩和支护的动态信息并及时反馈,指导施工作业。

②通过对围岩和支护的变形、应力量测,为修改设计提供依据。

(4)地质条件和周边环境复杂的隧道、长隧道、特长隧道,应由专业人员进行监控量测。

(5)现场量测仪器,应根据量测项目及测试精度选用。宜选择简单适用、稳定可靠、操作方便、量程合理、便于进行结果处理和分析的测试仪器。

(6)监测、施工、监理、设计等单位必须紧密配合,既为量测作业创造条件,又避免因抢工程进度而忽视量测工作。同时各方应共同研究、分析各项量测信息,确认或修正设计参数或施工方法。

(7)周边位移、拱顶下沉和地表下沉等必测项目宜布置在统一断面,其量测面间距及测点数量应根据隧道埋深、围岩级别、断面大小、开挖方法、支护形式等确定。隧道开挖后应及时进行围岩、初期支护的周边位移量测和拱顶下沉量测。当围岩差、断面大或地表沉降控制要求高时,宜进行围岩体内位移量测和其他量测。洞口段、浅埋段或地表有建(构)筑物,应进行地表沉降量测。

(8)围岩松弛范围量测:可采用弹性波法或位移法。

(9)当围岩条件差、变形过大或初期支护破损变形较大时,应进行支护结构内的应力及接触应力量测。

(10)各项量测作业均应持续到变形基本稳定后1~3周。对于膨胀性和挤压性围岩,位移没有减小趋势时,应延长量测时间。

(11)各预埋测点应牢固可靠,并设置专用标志牌,标明测点的名称、部位、编号、埋设日期等(附图29);要加强教育,提高所有进洞人员保护意识,对测点进行妥善保护,不得任意撤换和破坏;施工过程中应做好仪器的日常维护工作,保证其性能良好;量测人员进洞应遵守隧道洞内作业施工要求。

(12)现场照明、通风等作业条件良好,满足正常量测作业需要。

10.3.2　工作程序

监控量测工作程序见图10-1。

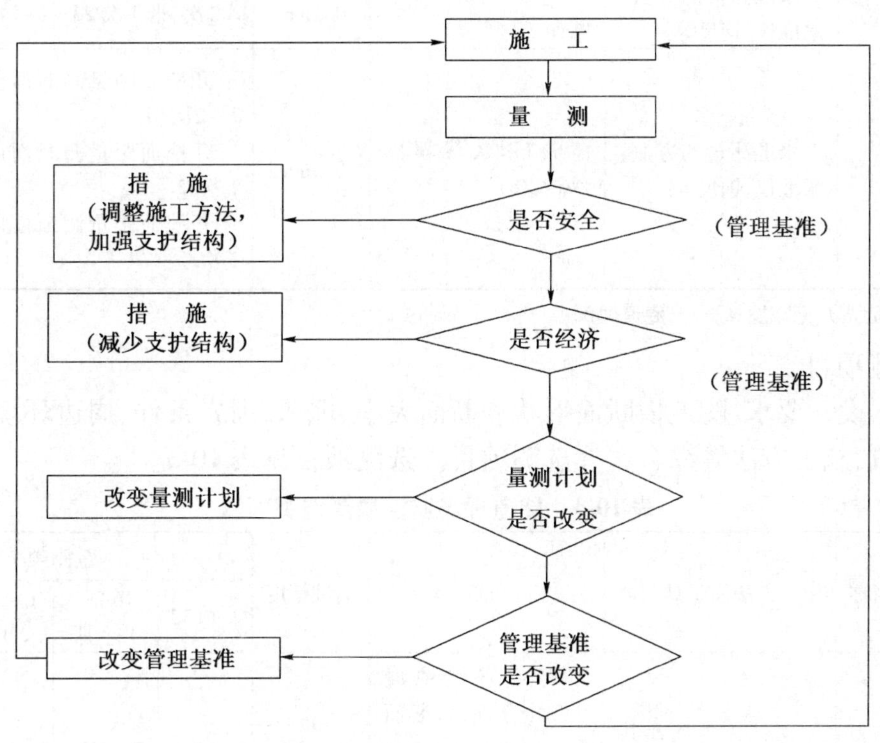

图10-1　监控量测工作程序

10.3.3　量测项目

1)必测项目

在复合式衬砌和喷锚衬砌隧道施工时必须进行必测项目的量测,必测项目见表10-2。各测点应在不受到爆破影响的范围内尽快安设,并应在每次开挖后12h内取得初读数,最迟不得超过24h,并且在下一循环开挖前必须完成。选测项目测点埋设时间根据实际需要进行。

测点应牢固、可靠、易于识别,应能真实地反应围岩、支护的动态变化信息。

洞内必测项目各测点应埋入围岩中,深度不应小于0.2m,不应焊接在钢支撑上,外露部分应有保护装置。

表 10-2　隧道现场监控量测必测项目

序号	项目名称	方法和工具	布置	测试精度	量测频率			
					1~15d	16d~1个月	1~3个月	大于3个月
1	洞内外观察	现场观测、地质罗盘等	开挖及初期支护后进行	—	—			
2	周边位移	各种类型收敛计	每5~50m一个断面,每断面2~3对测点	0.1mm	1~2次/d	1次/2d	1~2次/周	1~3次/月
3	拱顶下沉	水准测量的方法,水准仪、钢尺等	每5~50m一个断面	0.1mm	1~2次/d	1次/2d	1~2次/周	1~3次/月
4	地表下沉	水准测量的方法,水准仪、钢尺等	洞口段、浅埋段(h_0≤2b)	0.5mm	开挖面距量测断面前后<2b时,1~2次/d; 开挖面距量测断面前后<5b时,1次/2~3d; 开挖面距量测断面前后>5b时,1次/3~7d			

注:b——隧道开挖宽度;h_0——隧道埋深。

2)选测项目

应根据设计要求、隧道横断面形状和断面大小、埋深、围岩条件、周边环境条件、支护类型和参数、施工方法等综合选择选测项目。选测项目见表10-3。

表 10-3　隧道现场监控量测选测项目

序号	项目名称	方法和工具	布置	测试精度	量测频率			
					1~15d	16d~1个月	1~3个月	大于3个月
1	钢架内力及外力	支柱压力计或其他测力计	每代表性地段1~2个断面,每断面钢支撑内力3~7个测点,或外力1对测力计	0.1MPa	1~2次/d	1次/2d	1~2次/周	1~3次/月
2	围岩体内位移(洞内设点)	洞内钻孔中安设单点、多点杆式或钢丝式位移计	每代表性地段1~2个断面,每断面3~7个钻孔	0.1mm	1~2次/d	1次/2d	1~2次/周	1~3次/月
3	围岩体内位移(地表设点)	地面钻孔中安设各类位移计	每代表性地段1~2个断面,每断面3~5个钻孔	0.1mm	同地表下沉要求			
4	围岩压力	各种类型岩土压力盒	每代表性地段1~2个断面,每断面3~7个测点	0.1MPa	1~2次/d	1次/2d	1~2次/周	1~3次/月
5	两层支护间压力	压力盒	每代表性地段1~2个断面,每断面3~7个测点	0.1MPa	1~2次/d	1次/2d	1~2次/周	1~3次/月

续上表

序号	项目名称	方法和工具	布置	测试精度	量测频率			
					1 ~ 15d	16d ~ 1个月	1 ~ 3个月	大于3个月
6	锚杆轴力	钢筋计、锚杆测力计	每代表性地段1 ~ 2个断面,每断面3 ~ 7根锚杆(索),每根锚杆2 ~ 4测点	0.1MPa	1 ~ 2次/d	1次/2d	1 ~ 2次/周	1 ~ 3次/月
7	支护、衬砌内应力	各类混凝土内应变计及表面应力解除法	每代表性地段1 ~ 2个断面,每断面3 ~ 7个测点	0.1MPa	1 ~ 2次/d	1次/2d	1 ~ 2次/周	1 ~ 3次/月
8	围岩弹性波速度	各种声波仪及配套探头	在有代表性地段设置	—	—			
9	爆破震动	测振及配套传感器	临近建(构)筑物	—	随爆破进行			
10	渗水压力、水流量	渗压计、流量计	—	0.1MPa	—			
11	地表下沉	水准测量的方法,水准仪、钢尺等	洞口段、浅埋段($h_0 \leqslant 2b$)	0.5mm	开挖面距量测断面前后 < $2b$ 时,1 ~ 2次/d;开挖面距量测断面前后 < $5b$ 时,1次/2 ~ 3d;开挖面距量测断面前后 > $5b$ 时,1次/3 ~ 7d			

注:b——隧道开挖宽度;h_0——隧道埋深。

3)监控量测项目策划

根据隧道结构形式的不同,分离式隧道、小净距隧道及连拱隧道各有不同的监控量测项目,现推荐各类型隧道的监控量测项目规划,见表10-4、表10-5及表10-6。

表10-4 分离式隧道监控量测项目规划表

围岩条件 \ 项目	洞内外地质与支护状态观察	周边位移	拱顶下沉	地表下沉	钢架内力及外力	围岩体内位移	围岩压力	两层支护间压力	锚杆轴力	支护、衬砌内应力	围岩弹性波速度	爆破震动	渗水压力、水流量
Ⅳ、Ⅴ级围岩	√	√	√	△	○	○	○	○	○	○	○	周围建筑物要求较高时必测	洞内出水量较大时必测
Ⅱ、Ⅲ级围岩	√	√	√	△	—	△	△	△	△	△	△		
洞口、偏压段、浅埋段	√	√	√	√	○	○	○	○	○	○	○	○	

注:√为必须进行的项目;○为宜进行的项目;△为必要时进行的项目。

表 10-5　小净距隧道监控量测项目规划表

项目 围岩条件	洞内外地质与支护状态观察	周边位移	拱顶下沉	地表下沉	钢架内力及外力	围岩体内位移	围岩压力	两层支护间压力	锚杆轴力	支护、衬砌内应力	围岩弹性波速度	爆破震动	渗水压力、水流量
Ⅳ、Ⅴ级围岩	√	√	√	△	○	√	√	○	○	○	○	周围建筑物要求较高时必测	洞内出水量较大时必测
Ⅱ、Ⅲ级围岩	√	√	√	△	—	√	√	△	△	△	△		
洞口、偏压段、浅埋段	√	√	√	√	○	√	√	○	○	○	○	○	

注:1. √为必须进行的项目;○为宜进行的项目;△为必要时进行的项目。

2. 增加必测项目:后行洞爆破震动速度、中岩墙土压力,量测方法及频率见表 10-7。

表 10-6　连拱隧道监控量测项目规划表

项目 围岩条件	洞内外地质与支护状态观察	周边位移	拱顶下沉	地表下沉	钢架内力及外力	围岩体内位移	围岩压力	两层支护间压力	锚杆轴力	支护、衬砌内应力	围岩弹性波速度	爆破震动	渗水压力、水流量
Ⅳ、Ⅴ级围岩	√	√	√	△	○	√	√	○	○	○	○	周围建筑物要求较高时必测	洞内出水量较大时必测
Ⅱ、Ⅲ级围岩	√	√	√	△	—	√	√	△	△	△	△		
洞口、偏压段、浅埋段	√	√	√	√	○	√	√	○	○	○	○	○	

注:1. √为必须进行的项目;○为宜进行的项目;△为必要时进行的项目。

2. 增加必测项目:先进洞与后进洞的对比量测(主要包括周边位移、拱顶下沉、地表下沉、围岩体内位移及压力、支护应力等项目的对比);中隔墙的倾斜度、内应力、表面应力及裂缝。

3. 增加选测项目:底部土压力。

表 10-7　小净距隧道中岩墙现场监控量测项目及方法

序号	项目名称	方法、工具	布置	间隔时间		
				1～30d	1～3 个月	大于 3 个月
1	中岩墙土压力	钢弦式压力盒	每 10～30m 一个断面,每个断面 3 个压力盒	1～2 次/d	1 次/2d	1 次/周
2	围岩内位移	多点位移计及千分表	每 10～30m 一个断面,每个断面 2 个测点			
3	围岩压力	钢弦式压力盒	每 10～30m 一个断面,每个断面 1 个压力盒			

10.3.4　量测要点

1)洞内外观察

隧道施工过程中应进行洞内、外观察,洞内观察分开挖工作面观察和已支护地段观察两部分。

(1)开挖工作面观察应在每次开挖后进行。观察工作面状态、围岩变形、围岩风化变质情况、节理裂隙、断层分布和形态、地下水情况以及喷射混凝土的效果。观察后及时绘制开挖工作面地质素描图,填写开挖工作面地质状态记录表和施工阶段围岩级别判定卡。对已支护地段的观察应每天进行一次,主要观察围岩、喷射混凝土、锚杆和钢架等的工作状态。观察中发现围岩条件恶化时,应立即上报设计、监理单位,采取相应处理措施。

(2)洞外观察重点应在洞口段及岩溶发育区段地表和洞身埋置深度较浅地段,其观察内容应包括地表开裂、地表沉陷、边坡及仰坡稳定状态、地表水渗透情况、地表植被变化等。

2)净空位移和拱顶下沉

(1)量测坑道断面的收敛情况,包括量测拱顶下沉、净空水平收敛以及铺底鼓起(必要时)。

(2)应按表10-8和表10-9检查净空位移和拱顶下沉的量测频率,并与按表10-2确定的量测频率比较取大值。施工状况发生变化时(开挖下台阶、仰拱或拆除临时支护等),应增加检测频率。

表10-8 净空位移和拱顶下沉的量测频率(按位移速度)

位移速度(mm/d)	量测频率	位移速度(mm/d)	量测频率
≥5	2~3次/d	0.2~0.5	1次/3d
1~5	1次/d	<0.2	1次/(3~7)d
0.5~1	1次/(2~3)d		

表10-9 净空位移和拱顶下沉的量测频率(按距开挖面距离)

量测断面距开挖面距离(m)	量测频率	量测断面距开挖面距离(m)	量测频率
(0~1)b	2次/d	(2~5)b	1次/(2~3)d
(1~2)b	1次/d	>5b	1次/(3~7)d

注:b——隧道开挖宽度。

(3)拱顶下沉和水平收敛量测断面的间距为:Ⅲ级及以上围岩不大于40m;Ⅳ级围岩不大于25m;Ⅴ级围岩应小于20m。围岩变化处应适当加密,在各类围岩的起始地段增设拱顶下沉测点1~2个,水平收敛1~2对。当发生较大涌水时,Ⅳ、Ⅴ级围岩量测断面的间距应缩小至5~10m。

(4)各测点应在避免爆破作业破坏测点的前提下,尽可能靠近工作面埋设,一般为0.5~2m,并在下一次爆破循环前获得初始读数。初读数应在开挖后12h内读取,最迟不得超过24h,而且在下一循环开挖前,必须完成初期变形值的读数。

(5)净空水平收敛测线的布置应根据施工方法、地质条件、量测断面所在位置、隧道埋置深度等条件确定。在地质条件良好,采用全断面开挖方式时,可设一条水平测线;当采用台阶开挖方式时,可在拱腰和边墙部位各设一条水平测线。

(6)拱顶下沉量测应与净空水平收敛量测在同一量测断面内进行,可采用水准仪测定下沉量。当地质条件复杂、下沉量大或偏压明显时,除量测拱顶下沉外,尚应量测拱腰下沉及基底隆起量。

3)地表下沉量测

(1)位于Ⅳ~Ⅴ级围岩中且覆盖厚度小于40m的隧道,应进行地表沉降量测。根据图纸要求或监理工程师指示,应在施工过程中可能产生地表塌陷之处设置观测点,地表下沉观测点按普通水准基点埋设。在预计破裂面以外3~4倍洞径处设水准基点,作为各观测点高程测量的基准,从而计算出各观测点的下沉量。地表下沉桩的布置宽度应根据围岩类别、隧道埋置深度和隧道开挖宽度而定,地表下沉量测断面的间距按表10-10及表10-11采用。

表10-10　地表下沉量量测断面间距及频率

变形速度(mm/d)	量测断面距开挖工作面的距离	量测频率
>10	(0~1)*B*	(1~2)次/d
10~5	(1~2)*B*	1次/d
5~1	(2~5)*B*	1次/2d
<1	>5*B*	1次/1周

注:*B*——隧道开挖宽度。

表10-11　地表下沉量测断面的间距(单位:m)

埋置深度 *H*	地表下沉量测断面的间距	埋置深度 *H*	地表下沉量测断面的间距
H>2*B*	20~50	*H*<*B*	5~10
B<*H*<2*B*	10~20		

注:无地表建筑物时取表内上限值;*B*——隧道开挖宽度。

地表下沉监测范围横向应延伸至隧道中线量测(1~2)$(b/2+h+h_0)$,纵向应在掌子面前后(1~2)$(h+h_0)$(b为隧道开挖宽度,h为隧道开挖高度,h_0为隧道埋深)。测点间距宜为2~5m,并应根据地质条件和环境条件进行调整。

(2)地表下沉量测频率和拱顶下沉及净空水平收敛的量测频率相同。

(3)地表下沉量测应在开挖工作面前方$H+h$(隧道埋置深度+隧道高度)处开始,直到衬砌结构封闭、下沉基本停止时为止。

(4)地表下沉的量测尽量与洞内拱顶下沉量测、周边位移量测在同一横断面内,当地表有建(构)筑物时,应在建(构)筑物周围增设地表下沉测点。

(5)地表下沉监测应在隧道开挖前开始,到二次衬砌全部施工完毕,且下沉基本停止时为止。

10.3.5　量测数据处理与应用

1)一般要求

(1)隧道现场监控量测应成立专门量测小组,负责日常量测、数据处理和仪器保养维修工作,并及时将量测信息反馈给施工部门和设计单位。测点埋设宜在施工部门配合下,由量测小组完成。各预埋测点应牢固可靠,不得任意撤换和破坏。

(2)现场监控量测应按量测方案认真组织实施,并与其他施工环节紧密配合,不得中断工作。

(3)每次量测后,应及时进行数据整理和分析,并绘制量测数据失态曲线和距离开挖面距离图;应绘制地表下沉值沿隧道纵向和横向变化量和变化速率曲线。

(4)应根据量测数据处理结果,及时提出调整和优化施工方案和工艺;围岩变形和速率较大时,应及时采取安全措施,并建议变更设计。

(5)围岩稳定性、二次支护时间应根据所测得位移量或回归分析所得最终位移量、位移速度及其变化趋势、隧道埋深、开挖断面大小、围岩等级、支护所受压力、应力、应变等进行综合分析判定。

2)量测数据整理、分析与反馈

量测数据整理、分析与反馈应符合下列规定:

(1)当位移—时间曲线趋于平缓时,应进行数据处理或回归分析,以推算可能出现的位移最大值和变化速度,掌握位移变化的规律。

(2)当位移—时间曲线出现反弯点时,则表明围岩和支护已呈不稳定状态,此时应密切监视围岩动态,及时分析原因,提出对策和建议,并及时反馈给有关单位,采取有效措施加强支护,必要时暂停开挖。

3)围岩稳定性的综合判别

围岩稳定性的综合判别,应根据量测结果,按下列指标判定:

(1)实测位移值不应大于隧道的极限位移,并按表10-12位移管理等级施工。一般情况下,宜将隧道设计的预留变形量作为极限位移,而设计变形量应根据检测结果不断修正。

表10-12 位移管理等级

管理等级	管理位移(mm)	施工状态
Ⅲ	$U < U_0/3$	可正常施工
Ⅱ	$U_0/3 \leq U \leq 2U_0/3$	应加强支护
Ⅰ	$U > 2U_0/3$	应采取特殊措施

注:U——实测位移值;U_0——设计极限位移值。

(2)根据位移速率判断:速率大于1mm/d时,围岩处于急剧变形状态,应加强初期支护;速率变化在0.2~1.0mm/d时,应加强观测,做好加固的准备;速率小于0.2mm/d时,围岩达到基本稳定。在高地应力、岩溶地层和挤压地层等不良地质中,应根据具体情况制定判断标准。

(3)根据位移速率变化趋势判断:当围岩位移速率不断下降时,围岩处于稳定状态;当围岩位移速率保持不变时,围岩尚不稳定,应加强支护;当围岩位移速率变化上升时,围岩处于危险状态,必须立即停止掘进,采取应急措施。

(4)初期支护承受的应力、应变、压力实测值与允许值之比大于或等于0.8时,围岩不稳定,应加强初期支护;初期支护承受的应力、应变、压力实测值与允许值之比小于0.8

时,围岩处于稳定状态。

4)量测资料

竣工文件中应包括下列量测资料:

(1)现场监控量测计划。

(2)实际测点布置图。

(3)围岩和支护的位移—时间曲线图、空间关系曲线图,以及量测记录汇总表。

(4)量测变更设计和改变施工方法地段的信息反馈记录。

(5)现场监控量测说明。

10.3.6 竣工后量测

已竣工并交付运营的隧道,经批准后应进行长期运营量测时,运营量测点应在施工期间埋设并移交运营管理单位。运营量测由运营管理单位设专人进行,或委托第三方进行。

11 安全管理与文明施工

11.1 安全风险评估与管理

11.1.1 对隧道长度超过4km的特长隧道、单洞三车道以上的连拱隧道、单洞四车道的分离隧道以及地质条件特别复杂的隧道应按照交通运输部《公路隧道建设安全风险评估指南》要求开展隧道建设安全风险评估工作。

11.1.2 开展桥隧工程安全风险评估的单位,应当具有公路行业设计甲级资质;承担风险评估的单位,应组织经验丰富的地下工程、隧道等领域专业人员组成评估小组;承担风险评估工作的负责人,应具有20年以上设计施工经验和教授级高级工程师技术职称。

11.1.3 风险评估与管理必须贯穿于隧道设计和施工全过程,包含设计阶段、招投标阶段和施工阶段,其中设计阶段分为可行性研究阶段、初步设计阶段、施工图设计阶段。各阶段风险评估与管理应根据隧道工程技术特点针对安全、环境、质量、投资、工期、第三方等风险进行,以安全风险为风险评估与管理的重点,并高度重视具有突发性和灾难性的风险。对安全风险等级评定为"极高"的应予以规避。

11.1.4 隧道工程建设各方(包括业主、设计单位、承包人、监理单位等)应主动、及时、动态地进行风险管理,通过风险计划、风险识别、风险估计、风险评价、风险处理和风险监测,优化组合各种风险管理技术,确保风险评估全面、可靠,风险处理合理、有效,风险监测准确,反馈及时。

11.1.5 风险评估单位提交的评估报告应内容全面、数据完整、客观公正,提出的对策措施具有可操作性。应包含以下主要内容:

(1)编制依据。

①业主制订的风险管理方针及策略;②相关的国家和行业标准、规范及规定;③隧道基础资料;④各阶段审查意见;⑤上阶段评估结果。

(2)隧道概况。

(3)风险评估程序和评估方法。

(4)风险评估内容。

(5)风险对策措施及建议。

(6)风险评估结论。

11.2 安全管理

11.2.1 隧道开工前,项目部技术人员应向施工作业人员进行技术和安全交底,详细说明隧道质量和安全的有关技术要求和重大危险源,技术和安全交底台账必须签字确认。应落实工前教育制度,规范进洞管理。

11.2.2 监理工程师应按规定认真审查承包人的质量安全保证体系,审查隧道施工组织设计中安全技术措施或者专项施工方案是否符合工程建设强制性标准并监督检查实施情况;对危险性较大的分部分项工程,还应当审查承包人是否单独编制安全专项施工方案,并按规定组织专家进行论证、审查。

11.2.3 各项目业主在编制工程概(预)算及招标文件时,应当将意外伤害保险和安全生产费用作为不可竞争费用。安全生产费用不得低于投标价的1%,其中用于隧道工程的安全生产费用不低于投标报价清单中隧道总价的2%,并在施工合同中明确约定。施工单位对项目业主预付的安全生产费用应当专户存储,专款专用,不得挪作他用。

实行工程总承包的,总承包单位依法将工程分包给其他单位的,总承包单位应当与分包单位在分包合同中,明确由分包单位实施的安全施工措施和分包工程安全生产费用。严禁总承包单位拖欠分包单位的安全生产费用。

监理工程师应认真监督检查承包人安全生产费用使用情况,监督承包人是否用于购买和更新合格的安全防护用具和设施,落实安全施工措施,改善安全生产条件。施工现场存在安全事故隐患、未落实安全生产费用的,监理工程师应立即要求其改正,承包人拒不改正的,监理工程师应当及时向项目业主、省交通质监站和省高速公路建设总指挥部报告。

11.2.4 在洞身开挖过程中,为保证洞内工作人员施工安全,软弱围岩地段应配备安置报警设施和足够长度的、可手动拆卸的逃生钢管,要求管壁厚不宜小于10mm,管径不宜小于600mm,每节管长宜为1500~2 000mm(附图30)。高压气、高压水钢管应尽可能靠近掌子面;钻孔台车应常备卸管头的扳手和应急照明工具。

11.2.5 承包人应制订专门的应急救援预案,备好应急抢险物资,定期组织应急演练。要求每个合同段设置1处抢险物质储备点。

11.2.6 应在隧道所有作业台架上安装防护彩灯或反光标志,确保车辆通行安全;在台架底部配置消防器材,便于应急火灾事故,见附图31。

11.2.7 爆破作业及火工物品的管理,必须遵守现行的国家标准《爆破安全规程》(GB

6722—2003)的有关规定。对有瓦斯溢出的隧道,应按《煤矿安全规程》(2009 年)要求,并根据隧道的地质情况、瓦斯溢出程度和设备条件,制订适宜的施工方案。

11.2.8 运输车辆不得人料混装,洞内运输车辆必须限速行驶。洞内倒车与转向,必须开灯、鸣笛;洞口、平交道口和狭窄的施工场地,应设置"缓行"标志,必要时宜安排人员指挥交通。

11.2.9 隧道施工中必须密切注意围岩及地下水等的变化情况,当施工方法或支护结构不适应于实际围岩状态时,必须采取应急措施,并经批准后及时采用合适的施工方法或支护结构。

11.2.10 隧道内施工设备应靠边停放,远离爆破点;停放点应选择围岩稳定、支护结构已完成、无渗漏水的位置。

11.3 文明施工

11.3.1 施工照明

(1)成洞段 6 ~ 8m 设一个固定灯,电线敷设应整齐划一;近掌子面 40m 内若无敷线应配备移动式照明灯具,保证洞内照明充足。

不安全因素较大的地段应加大照度。在主要交通道路、洞内抽水机站应设置安全照明,漏水地段照明应采用防水灯头和灯罩,见附图 32。具体布置要求如表 11-1。

表 11-1 洞内照明线路及应急灯布置

工作地段	照明布置
开挖面后 40m 以内作业段落	两侧采用 36V、500W 卤钨灯各 2 盏
开挖面后 40m 至二衬作业区段	每隔 20m,左右侧各安设 400W 高压钠灯 1 盏
模板台车衬砌作业段	台车前台 10 ~ 15m 增设 400W 高压钠灯 1 盏, 台车上亮度不足时增设 36V、300W 或 500W 卤钨灯
成洞地段	每隔 6 ~ 8m 安装一盏 50W 节能灯

隧道施工照明宜采用荧光灯、荧光高压汞灯、卤钨灯、长弧氙灯或高压钠灯等光源照明。

(2)对各种电气设备和输电线路应有专人经常进行检查维修、调整等工作,其作业要求应符合现行规范规程的要求。

11.3.2 通风与防尘

1)采取的措施

隧道施工必须采用综合防尘措施,项目业主可定期委托环保部门进行检测。

(1)应采取通风、洒水等防尘措施,并按规定时间测定粉尘和有害气体的浓度。

(2)钻眼作业应采用湿式凿岩,当水源缺乏、容易冻结或岩性不适于湿式凿岩时,可采用带有捕尘设备的干式凿岩,采用防尘措施后应达到规定的粉尘浓度。

(3)凿岩机钻眼时必须先送水后送风。

(4)放炮后必须进行喷雾、洒水,出渣前应用水淋湿石渣和附近的岩壁。

(5)施工人员均应佩戴防尘口罩。

(6)长大隧道还应在压入式的出风口设置喷雾器,以增加空气湿度,降低粉尘含量。

2)应符合的要求

在整个施工过程中,作业环境应符合下列职业健康及安全标准:

(1)空气中氧气含量,按体积计不得小于20%。

(2)粉尘允许浓度,每立方米空气中含有10%以上的游离二氧化硅的矿物性粉尘不得大于2mg,每立方米空气中含有10%以下的游离二氧化硅的矿物性粉尘不得大于4mg。

(3)有害气体最高允许浓度:

①一氧化碳的最高允许浓度为30mg/m^3,在特殊情况下,施工人员必须进入工作面时,浓度可为100mg/m^3,但工作时间不得大于30min。

②二氧化碳按体积计不得大于0.5%。

③氮氧化物(换算成NO_2)为5mg/m^3以下。

④甲烷(CH_4)(瓦斯)按体积计不得大于0.5%,否则必须按煤炭工业部门现行的《煤矿安全规程》有关规定办理。

⑤二氧化碳浓度不得超过15mg/m^3。

⑥硫化氢浓度不得超过10mg/m^3。

⑦氨的浓度不得超过30mg/m^3。

(4)隧道内气温不得高于28℃。

(5)隧道内噪声不得大于90dB。

3)通风方式的选择与布设

应根据隧道长度、施工方法、设备条件、开挖面积以及污染物的含量与种类等情况确定。当主风流的风量不能满足隧道掘进要求时,应设置局部通风系统,并应尽量利用辅助坑道。

4)管道通风

隧道掘进150m以上,隧道施工必须实施管道通风。宜采用大功率风机、大直径风筒压入式通风,长隧道应考虑混合通风方式。通风应能满足洞内各项作业所需最大风量,隧道工作面风压应不小于0.5MPa。每人应供应新鲜空气3m^3/min,采用内燃机械作业时,供风量不宜小于4.5m^3/(min · kW)。全断面开挖时风速不应小于0.15m/s,导洞内不应小于0.25m/s,但均不应大于6m/s。

5)通风机具安装及维护

(1)隧道通风机及通风管应设置专人定期维护、修理,如有破损,必须及时修补或更换。

(2)送风式的进风管口应设在洞外,宜在洞口里程30m以外。

(3)通风管靠近开挖面的距离应根据开挖面大小确定,送风式通风管的送风口距开挖面不宜大于15m,排风式风管吸风口距开挖面不宜大于5m。

(4)通风管的安装应做到平顺,接头严密,每100m平均漏风率不得大于2%,弯管半径不小于风管直径的3倍。

(5)当采用软风管时,靠近风机部分,应采用加强型风管。

(6)通风机运转时,严禁人员在风管的进出口附近停留;通风机停止运转时,任何人员不得靠近通风软管行走和在软管旁边停留,不得将任何物品放在通风管或管口上。

11.3.3 成品保护

(1)已完衬砌段落应及时挂牌标明里程桩号,标志牌按20cm×10cm制作,白底红字。同时加强对成品的保护。

(2)对二衬施工环接缝进行处理,采用弧度尺画线,切割机切缝,缝深约2cm,不整齐处进行局部修凿或经砂轮机打磨后,用高强度等级水泥砂浆修饰,用钢镘刀抹平,使施工缝圆顺整齐。

(3)监控量测各预埋测点设置专用标志牌,标明测点的名称、部位、编号、埋设日期等;要加强教育,提高所有进洞人员保护意识,对测点进行妥善保护,不得任意撤换和破坏。

11.3.4 洞内作业应做到工序衔接,工区分明,各作业工序无相互干扰,通道畅通,并应保持洞内平整;铺底工序应尽可能先行;做到排水通畅,洞内、洞外无积水,不泥泞。洞内各种文明施工标志标牌设置应符合《福建省高速公路施工标准化管理指南(工地建设)》的有关规定。

附录　彩色图片汇总

附图 1　“零开挖”进洞示例

附图 2　交叉中隔壁法(CRD 法)施工示例

附图 3　双侧壁导坑法施工示例

附图 4　锚杆施作位置用红漆进行标识

附图 5　机械钻孔设备

附图 6　钢架基础要求牢固

附图 7　钢架钢板连接密贴

附图 8　超前小导管和钢架联合支护

附图 9　小导管注浆管口安装封头和孔口阀

附图 10　层距定位采用定位钢筋

附图 11　纵向排水管路连接采用变径三通连接

附图 12　横向排水沟将二衬背后的水排入边沟

附图 13　盲管引排

附图 14　防水板铺挂应有一定的松弛度

附图 15　具有上下爬梯的整体衬砌台车

附图 16　对台车钢模板表面进行彻底打磨,涂油防锈

附图 17　自制三角架

附图 18　二衬钢筋安装

附图 19　高强砂浆垫块

附图 20　边墙模板

附图 21　弧形钢模

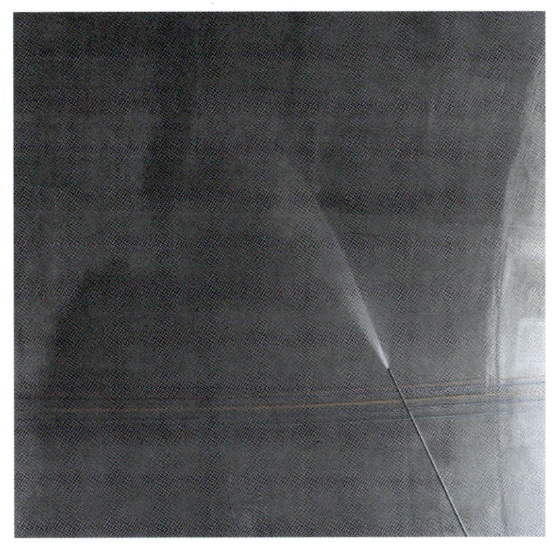

附图 22　拆模后用高压水喷淋混凝土表面

附图23　排式振捣机连续拖行振实

附图24　三辊轴提浆、整平

附图25　路面精平、拉毛及平整度检测

附图26　刻槽机刻槽施工

附图27　电缆沟墙施工前凿毛处理

附图28　超前地质预报作业

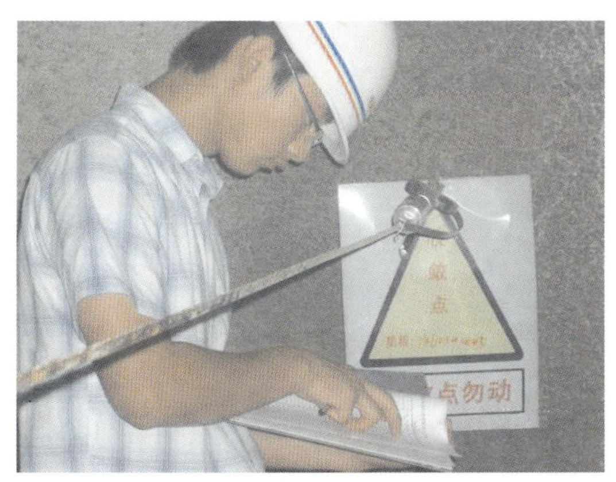

附图 29　设置专用标志牌

附图 30　洞内逃生管道及警报器设置

a)

b)

附图 31　衬砌台车安全标志

附图 32　洞内照明布置及灯箱设置

参考文献

[1] 中华人民共和国行业标准.JTG F60—2009 公路隧道施工技术规范[S].北京:人民交通出版社,2009.

[2] 中华人民共和国行业标准.JTG/T F60—2009 公路隧道施工技术细则[S].北京:人民交通出版社,2009.

[3] 中华人民共和国行业标准.JTG D70—2004 公路隧道设计规范[S].北京:人民交通出版社,2004.